我的音樂人生

樊祖荫口述

马学文 欧阳平方／采访 记录
樊荣／整理

人民音乐出版社·北京

WO DE YINYUE RENSHENG FANZUYIN KOUSHU

图书在版编目（CIP）数据

我的音乐人生 ： 樊祖荫口述 / 樊祖荫口述 ； 马学文，欧阳平方采访、记录 ；
樊荣整理. -- 北京 ： 人民音乐出版社，2025.1.(2025.10重印) -- ISBN 978-7-103-06951-6
Ⅰ. K825.76
中国国家版本馆CIP数据核字第20242M5S07号

责任编辑：李亚芳

责任校对：王　珍

人民音乐出版社出版发行
社　址：北京市东城区朝阳门内大街甲55号　邮政编码：100010
经　销：新华书店北京发行所经销
印　刷：北京隆昌伟业印刷有限公司
开　本：880×1230毫米　1/32
印　张：6.5
版　次：2025年1月北京第1版
印　次：2025年10月北京第2次印刷
印　数：1,001—2,000册
定　价：58.00元

读者服务部联系电话：（010）58110591
如有缺页、倒装等质量问题，请与出版部联系调换。电话：（010）58110533

目录

三个地方，三所学校，一生经历　001

“好什么呀，音都唱不齐！”——采风趣闻　023

教学相长，和而不同——我的和声教学　051

传承师学，继往开来——我的和声研究　067

喜悦与遗憾并存——我的音乐创作　087

“文化长城”的一名挑夫　101

我与《中国音乐》　125

百年树人　任重道远　141

采访补记（一）　157

采访补记（二）　161

附录：樊祖荫音乐创作、科研及教学成果索引　169

后记　191

三个地方，三所学校，一生经历

我一生的经历，可以概括为两个“三”：三个地方和三所学校。

三个地方是指浙江余姚、上海和北京。浙江余姚是我的出生地，在那里我生活了 16 年；1956 年，我到上海音乐学院附中念书，高中四年毕业后升入本科，又读了四年，一共是八年；1964 年中国音乐学院成立的时候，两边学校的领导商量，让我转学到中国音乐学院。转学之后虽然我的身份是学生，但我并没有参加学习，而变成教书了。搞完社会主义教育运动（以下简称“社教”）回来，到 1965

年就算我毕业，并正式留校任教。从 1964 年开始，我就一直生活在北京。这是三个地方。

三所学校是指上海音乐学院、中国音乐学院、中央音乐学院。从 1956 年到 1964 年，我在上海音乐学院学习，这个阶段主要是学习；1965 年，我留在中国音乐学院工作；到了 1973 年，我们从乡下部队的生产基地回来，中国音乐学院与中央音乐学院合并，称作“中央五七艺术大学音乐学院”。1978 年，重新改名为中央音乐学院。1980 年，国务院批准恢复建设中国音乐学院，当时中央音乐学院、中国音乐学院都希望我能够留下，我最终选择回到中国音乐学院。

先说说我的出生地。余姚地处浙东，是中国历史文化名城，哲学家王阳明的故乡，明代戏曲四大声腔之一余姚腔的诞生地，1973 年出土的余姚河姆渡新石器时代遗址更展现了我国南方古代文明的恢宏历史！我生在这里，长在这里，在先人的庇护下逐渐成长。我的父亲是上海一家综合商店的会计，一个普通职员。他的文化程度不是很高，但是他有一个本事，就是算账不用算盘，全靠心算。这边卖出了几尺布匹、那边又卖出了多少小商品，有人报出货名与数量，他立即就能说出多少钱来。他这个人的心地特别善良，有人有了难处，向他借钱，他连借条都不要；但当自己有了难处向借钱者借钱时，那人佯装什么事都没发生过，即便如此，父亲也只在回家之后连连叹气并告诫我们“要谨防小人”而已！1949年前后，商店停业，父亲也就随之失业了。我的母亲是一位普通的家庭妇女，哥哥、嫂子和二姐都是小学教员。家里很民主，我从小喜欢音乐，父母就让我学习音乐。我十岁的时候，哥哥姐姐给我买了口琴作为生日礼物；我喜欢二胡，就自己上山逮蛇，弄松香，自制了一把二胡，后来母亲觉得“吱扭、吱扭”的声音不好听，还为我专门买了把新二胡。我曾经为《乐器》杂志写过一篇文章叫《二胡情结》，专门回顾了这一段童年时光。我家有兄弟姐妹四人，我哥比我年长十八岁，大姐比我大十二岁，二姐比我大五岁，我最小。两个姐姐现在都还健在。我从小被寄养在奶妈家，三四岁时才回家。奶妈一家对我很好，后来我常常回去看望他们。奶爹是余姚滩簧的爱好者和票友，小时候我常骑在他的肩头听滩簧。余姚的戏曲、民歌和曲艺都很丰富，在那里也能听到越剧、绍剧、江南丝竹、莲花落等民间音乐。我是在民间音乐耳濡目染的熏

与音乐启蒙老师张斌先生（2000 年，宁波）

陶下成长起来的。由于家庭经济条件比较困难，我从小学到大学一直享受着国家助学金，甚至还有生活补助，就是因为这些补贴，我才得以完成学业。

我的人生转折点是在我考上余姚中学之后。余姚中学有一位音乐老师叫张斌，他全身心地投身音乐教育事业，善于发现人才、培养人才，是一位十分难得的音乐教育家。

他教我们的时候提出了一个目标——每五年培养一个能够考入上海音乐学院本科或附中的学生。事实上每年都有不止一个学生考上专业音乐院校或音乐团体，包括上海音乐学院、南京师范大学音乐学院、中央民族乐团、浙江歌舞团等。1958 年他被调离余姚中学，之后的十年，余姚中学几乎再没有培养出音乐专业的学生了。我在考入余姚中学不久，张老师就吸收我加入学校的民乐队和合唱队，我也正是在他的影响下开始系统地学习音乐。那时每天放学后或是周末，我们就会在他既是宿舍又是琴房的房间里上课。每到寒暑假，张老师就会自费到杭州师范学院、上海音乐学院学习，学完之后现学现卖地教给我们。二胡、小提琴、钢琴、乐理，他都会教。我的乐理学得很好，在他的辅导下，我考上海音乐学院附中时乐理得了高分。我初中时喜欢随意哼唱，爱写歌曲，一部分歌曲作品当时就发表在《浙江歌声》和《江苏教育》等刊物上。

1955 年我第一次考上海音乐学院附中的时候，因当年不招作曲，就临时改报了二胡专业，初试拉了一首《汉宫秋月》，成绩还不错，当时主考的老师问我是跟谁学的？我回答说是跟蒋风之学的。老师惊讶地说："哟，你怎么跟到了蒋风之学习？”我说：“我是跟蒋风之的唱片录音学的。”老师听完哈哈大笑。但是到了复试的时候，我终因二胡功力不够而没被录取，于是回到家乡，当了一年的小学音乐老师。1956 年我再次报考，终于考入上海音乐学院附中作曲专业。张斌老师对我的音乐学习之路有很大影响，我始终记得他的恩情。他除了对我们几个音乐尖子生着力培养之外，整个学校的音乐活动也搞得很好，平时有合唱队、民乐队的训练，学期末要开好几场音乐会，举办一些音乐比赛。他带着我们不仅在校内，还到当时的余姚县城里去开音乐会，演唱《黄河大合唱》等曲目。现在回想起来，他的音乐专业程度不一定很高，但是在当时的条件下，他为开阔我们的专业音乐视野提供了必要条件。张老师是一位多面手，能指挥，还是漂亮的抒情男高音，二胡也拉得很不错。在他的带领下，我们奔着考取音乐学院的目标努力，他也亲自带着我们去考试，对我们的一生产生了重大影响。张斌老师是我一生中最重要的启蒙老师。

1956 年我进入上海音乐学院附中学习。附中对我来说也是很重要的一个经历。我记得当时附中的校长是金村田老师。金老师原来是国立福建音乐专科学校的学生，是个革命家，曾经坐过国民党的监狱——上饶集中营，他有比较高的威望。在附中的入学教育中，他就说过："音乐学院附中是干什么的？一句话，就是培养音乐家的。"当时虽然不提倡成名成家的思想，但是金校长讲得非常明确："音乐学院附中就是要培养音乐家，否则就不要办音乐学院的附中了。而且我相信你们在座的人当中，将来也可能出大家，也可能出院长。"然后他就以贺绿汀院长为例子，教我们如何学习、保持艰苦奋斗，要求我们班一定要在正确的道路上作出成绩来，所以我们班当时的学习氛围是非常浓厚的。

我们班同学的业务情况各不相同，以我来说，我是从农村来的，在音乐技术方面要差一点，但是在老师的鼓舞下，我们真的是太用功了！每天早上5点多起来，就开始抢琴房练琴。练琴是不能出声的，抢到琴房之后，要把消音踏板踏上才开始练。我原来没有正规学过钢琴，而到了附中快毕业的时候，我已经可以给其他同学弹伴奏了。这得感谢李琏亮老师给我打下了很好的钢琴基础。

我们班里后来出了很多位名人，如指挥家陈燮阳、音乐学家陈应时、作曲家曹光平、古筝演奏家项斯华、古琴

上海音乐学院附中 1956 届作曲专业师生合影，前排右起：陆钦信老师、刘炜；后排右起：陈燮阳、崔荷生、陈应时、樊祖荫

演奏家成公亮等。附中是所有专业合在一起，按照年级来分班的，如果把同年级甲乙两班的同学加起来，名人就更多了，钢琴家殷承宗就是我们这个年级的。这里还有一段小插曲，当时我们班里有一位与殷承宗不相上下的同学。他的钢琴弹得也很好，但时运不济，由于种种原因他没被选拔参加国际比赛，于是，他就打算私自跑到国外去参赛。据传，他从上海码头跳到黄浦江想爬上英国轮船，但是冬

天太冷爬不上去，被警察逮住，被判入监狱十多年，这辈子就这样毁了。但这个人悟性非常高，在监狱里他还坚持对着木头练习，等他从牢里出来之后，钢琴弹得依旧特别好。后来，他去上海音乐学院作汇报，全体观众都感动得不得了。

在附中我是学作曲的。我会写旋律、喜欢写歌曲，并在《儿童音乐》等杂志上发表了不少儿童歌曲，但大多数的作品是单旋律的。有一次，陆钦信老师在点评和声作业时插了一段话："我们班上有同学最近发表了很多歌曲，这很好。但是光会写旋律还不够，还要会写伴奏、会写合唱。所以，和声也很重要，希望大家予以重视。"陆老师被尊为上海音乐学院附中作曲学科之母。自上海音乐学院附中设立作曲学科起，她就是学科主任。她业务扎实，对我们的要求很严格，但同时也是一位大家闺秀，讲话非常柔和谦逊，即使要批评你的时候，也是很婉转的。这次老师并没有点名，但是我知道老师说的就是我。从此以后我就暗下决心把和声学好，要学得让老师看得起我。别人做一遍习题，我就要做好几遍，相同的、不同的题目我都要做，甚至是把能够找到的和声书全部拿来看。这样坚持一年后，

上音老同学合影，右起：龚一、闵惠芬、李丹芬、樊祖荫、崔荷生（1995年，广东番禺）

老师说我进步很大，和声做得不错。黎英海先生在1959年出版了《汉族调式及其和声》，我的室友王师禹知道我喜欢钻研和声，便买了一本送我。我当时看不太明白，因为这本和声书和我们平时所学的和声不同。黎先生当时很有名，我们也不敢打扰请教，只好自己慢慢学习，做了很多学习笔记。

附中的时候还有一件事情给我留下了深刻的印象。

我刚入学的时候，大约是第二天在校园里碰到了贺绿汀院长。贺院长问我从哪儿来的？叫什么名字？学什么专业？我一一回答，就是一个一般性的交流，贺院长说话嗓音沙哑，他的慈祥给我留下了特别深刻的印象。第二天开学典礼的时候，贺院长讲到要我们重视民间音乐的学习。他说："我刚从广西回来，那里有很美的民间合唱，其中有非常好听的大二度，这个大二度是我们特有的音乐。"我就想，这个大二度是什么样的？我们特有的大二度和外国的大二度究竟有什么不同呢？当时没条件，也听不到广西民歌是什么样的，但是心里记下了这件事。直到上了大学，刚好有几个广西进修班的同学会唱民歌，跟他们比较熟了之后，请他们唱给我听，我记录下来，然后我就知道了这里面所谓的大二度是什么样的。

附中毕业后，我直升至上海音乐学院本科作曲系。我当时的主要目标还是作曲，我的作曲老师也换了好几个，第一年是沙汉昆老师，第二年是陈铭志老师，第三年是王云阶老师。老师们各有所长、各有风度、各有外号，如沙先生外号"沙牛"（因其创作《喂好我的老黄牛》而得名）；陈先生外号"复调大王"；王先生外号"花儿王"（此外

与黎英海先生（1995 年，广西）

号是王先生的好朋友施咏康先生告诉我的，因其最早记录花儿而得名，但平时没听到有人这样叫过）。三年之后分科，我被分到了和声方向，跟随黎英海先生学习。黎英海先生主张综合教学，黎先生将和声、复调等课程综合起来进行“多声部音乐写作”的教学。这时我就把在附中积累下的许多问题拿来请教黎先生。其中最根本的问题是五声性调式和大小调调式有什么不同，黎先生花了不少时间为我讲解。跟随黎先生学习主要是重新梳理了一遍五声性调式和声，并跟随他一起编完了《多声部音乐写作教程》。其他还完成了两件事情：一件是我将很多民歌改编成了艺术歌曲，写了不少伴奏，从中思考和声的运用问题；另一件就是分析近现代和声，近现代和声当时并没有纳入教学范围，但黎先生在这个方面十分擅长，他教我分析德彪西、巴托克等作曲家的作品。

1964 年中国音乐学院成立，黎先生被调到这里工作，院领导希望我也同时调过来，这样，黎先生就把我带来了。当时我还没有毕业，因此是以转学的名义过来的。来到学校后，我开始以学生的身份跟着黎先生批改和声作业。几个月之后被调到陕西去搞“社教”，回来后留校任教，因此，我可以算是中国音乐学院的第一届毕业生。留校不久，我又被派往扬州参加“社教”文化工作队从事音乐创作，半年时间，我创作了不少独唱、小合唱、小歌剧和器乐合奏等乐曲，还编排了几台音乐会在扬州各地演出。马可院长曾专程到扬州去看望我们，听我们的汇报音乐会，并给予了充分肯定。从扬州回来之后，我接着做黎英海先生的和声课助教。

1966年6月7日，中国音乐学院也以一张大字报的形式开始了“文化大革命”。一时间，各色组织山头林立，派系之间，依其对学校领导人的不同态度分为两派，但好在没发生武斗。大多数师生都加入了红卫兵，我加入了一个叫“井冈山”的群众组织，人数众多而派性温和。时间一长，无所事事的人们开始找活干，有聪明的学生趁机找老师私下上课，老师们也乐于奉献。回想起来，这倒算得上我们在“文革”期间所做的有意义的几件大事之一。另外一件，就是我在1968年结婚了。夫人孙建英是中国音乐学院声乐系67届的毕业生，1964年与我一同分在陕西长安“社教”工作队工作而相识。小家的建立，宁静而温馨，尤其是当有了孩子之后，简单的生活，共同的爱好，处处充满了爱意。有学生在闲聊时非要我说说家庭过往，我就捡了几次偶发事件说给他们听：1971年临近国庆节，我和夫人都收到了各自农场（我在天津军粮城炮兵农场，她在宣化农场）放假的通知，但那时电话联络特别不方便，我俩打不通电话，于是情急之下，就直奔对方驻地而去。经过半天火车或汽车的奔波，傍晚时各自到达了天津去往军粮城的汽车站，但一打听，当天最后一班汽车已开走。

结婚照（1968 年，北京）

怎么办呢？真是心有灵犀，我们两人竟不约而同地为打通对方电话而走进了同一个电话局！抬头相见，激动之情无以言表，使人不得不相信世上真有“缘分”的存在！

我的两个孩子都是学音乐的，究其原因，除了我俩能辅导孩子学音乐而别无其他所长之外，还有一个重要原因，就是孩子本身自幼显露出来的音乐天赋坚定了我们的信心。下面各举一例。二女儿樊荣大概一岁的时候，一天

全家合影（1980 年，北京后海）

与二女儿樊荣（2000 年，新疆天山）

午觉醒来正拿着洋娃娃坐在摇篮里玩。我得空练了一会儿钢琴，偶一回头，发现她正跟着我弹奏的乐曲按二拍子节奏在前后摇晃呢！我忽然停下，见她无所适从地等着，于是我动了一个想测试她是否具有音乐天赋的念头：在二拍子的行进中插入了几小节的三拍子，我发现她在恍惚了一下之后就能按新的节拍跟上来，其时，在我脑海里随即闪现出“孺子可教”这几个字来！老大樊琪的音乐感觉之好，是教过她的老师们所公认的，但亲口对我夸奖的是李西安院长。那年，樊琪在中国音乐学院附中读高中二年级，李先生可能是到附中检查教学情况刚巧到他们班听课。那节课，语文老师要求大家把课文当作剧本来演，几个同学分到了不同的角色，樊琪则领到了钢琴配音的任务。那天课后，李先生兴冲冲地来到教务处（我在任教务处长），告诉我他在附中发现了一棵好苗子，于是详细地描述了他去听课的情景："那位配音的女同学真是个人才，无论是开始、结束，还是情景、角色，她都处理得有条不紊，还能前后照应，真像是一个成熟的作曲家！"最后，他问我："你知道她是谁吗？"我正在思索之时，他脱口而出："是你女儿！"

1970年5月20日，我被下放到天津军粮城炮兵农场劳动锻炼；1973年10月，我回到由中央音乐学院与中国音乐学院合并而成的"中央五七艺术大学音乐学院"，被分配到作曲教研室教作曲。

1980年，中国音乐学院恢复建设。回想起来，我大概是最后一个回到中国音乐学院的，理由是我从心底上不太认可当时恢复中国音乐学院的方案。我觉得如果是要搞真正的中国音乐学院，就要有所准备，要为真正办出中国

樊祖荫夫妇与于润洋夫妇（2002 年，新疆）

音乐学院的特色准备好条件。所谓准备好条件，就是要有相应的教师和教材。要有一批真正能够为复兴中国音乐而出力的老师，有一批为复兴中国音乐能提供给学生学习的教材。但是当时并没有这个条件，老师是从全国各地调来的，思想上并不统一，有的人明确，有的人不明确。当时没有专门的教材，匆忙招生的话，其结果必然是走老路，沿用原来的教材。以作曲系为例，原来的教材就是以欧洲作曲技术理论的和声、曲式、复调、配器四大件为主，没有其他新的东西，更没有能体现中国音乐特点的教材。所以当时我曾问过黎英海先生，是否可以在恢复中国音乐学院之后，先不要招本科生，而是先招收研究生班，专门研究中国音乐。从研究生开始，对中国音乐是什么情况，深入研究，搞出成绩，然后拿出一批比较完整的教材来。有了这些充分的准备，再开始招收本科生，同时也培养了一批老师。但是当时的实际情况不太可能按这个想法去做。国务院批准了恢复建设中国音乐学院，大家的热情很高，中央音乐学院与中国音乐学院两边的领导当时也把工作的重心放在了组建人员上，恢复之后的建设如何进行，无人予以解答，因此，我不愿意过来。一直到 1980 年年底，李凌院长来到中国音乐学院，他带信要我调过去，后来黎英海先生又找我谈了一次话，我才答应来，上午刚同意，下午学校就通知我去中国音乐学院报到，告诉我李凌院长在广州等我，让我赶快去广州参加羊城花会。我原来不认识李凌院长，只晓得他的大名，他也只知道我的名字。我到了广州与他见面后，感受到李凌院长是一个非常亲和的人，他说："让你出来，是想让你放松一下。各场音乐会都可以去看看，各院校、各团体也要去转转。"并特别嘱咐我："看到有什么好的作品、好的人才、好的经验，要记住、带回去。我们学校刚复建，各方面都需要大家的帮助，需要学习好的经验。"就这样，我领命在广州学习、考察了近半个月的时间，才随同院长返回北京。我在1980年转到中国音乐学院之后，中央音乐学院的赵沨院长还找过我一次，他说："你人可以去中国音乐学院，但在中央音乐学院的工作不能丢掉，这边的课要照常上，你的待遇给你保留，包括图书馆借书卡、工作证都不要动。"就这样，中央音乐学院的工作也一直这么干着。虽然我已经到了中国音乐学院，但是每年都回去给中央音乐学院的学生讲课。再后来我还在中央音乐学院成立的教育部人文社科研究基地承担研究任务，在学校的学术委员会担任学术委员会委员。与中央音乐学院的关系一直没断，所以我与两边学校的关系都很近。由于地缘关系，我与上海音乐学院的来往反而比较少（只有四次应邀回去作学术讲座），一直到2005年中国音乐学院跟上海音乐学院联合招收博士生，上海音乐学院以特聘导师的名义，让我做和声学和传统音乐两个方向的博士研究生导师。后来中国音乐学院开始单独招收博士生后，我便不再兼任上海音乐学院的特聘导师。

回想起来，我与三所音乐学院一直有着比较紧密的关系，她们都可以说是我的母校，我曾在那里生活、学习和工作，我就是在这三所学校的培养下成长起来的。

我一生的经历大致就是如此，三个地方，三所学校，一直到退休。

“好什么呀，音都唱不齐！”

——采风趣闻

说到采风，我在本科阶段与参加工作后，都曾随集体参与过几次；后来，大多出于对多声部民歌的兴趣，以个人独立采风为主。20 世纪 80 年代初，社会上对“多声部民歌”一词还没有一个明确的概念，也因此产生了一些误会与趣闻。这里所讲的就是我在采集多声部民歌过程中的种种趣闻。

我之所以对多声部民歌情有独钟，起因大概还要追溯到我在上海音乐学院读附中时贺绿汀院长的一次讲话。他说中国有很好的民间合唱，那是我们自己特有的音乐。贺

采风途中（2013年，青海日月山）

老的话给我留下深刻的印象，但是一直没有抽时间到当地实际的生活中去感受。到了大学三四年级的时候，当时跟广西进修班的同学有接触，那段时间常常请他们给我唱多声部民歌，主要是重唱，最多的重唱形式就是二男二女，这也算是一种“采风”。他们唱，我来记，因为那时没有录音机，我就自己用心、用笔记录。那个时候我的记性比较好，他们唱了两遍之后，我基本上就可以把不同的声部记住，回唱给他们，他们认可了，我就把谱子记录下来。

我也问他们歌名是什么意思？调名是什么意思？因为有的歌有调名，比如靖西调。然后问唱歌的时间，在什么地方、场合唱？什么人唱？后来我才知道这些知识属于音乐学的范畴。这几位进修班的广西同学一直对我很好，其中有一个男学员叫马景勤，可惜他从上海回去之后不久就去世了。我还与他合作整理了一本广西民歌的独唱歌曲集，他唱，我记。

我为这些民歌专门配写了钢琴伴奏，这些伴奏在我进入中国音乐学院之后还拿给黎先生看过，他非常重视我的钢琴伴奏写作。可以说，我的钢琴伴奏写作就是从这个阶段真正开始的，因为每一首歌的伴奏都经过黎先生批改。黎先生先看谱子，按照乐谱弹奏一遍，之后根据他的思路修正着弹，我在一旁，把我认为好的地方记录下来作修改。最终整理出一本《广西民歌独唱曲集》（未出版），总计有二十余首。曲集刻印出来后被用作上海音乐学院的内部声乐教材，后来我在《中国音乐》刊物上发表过两首。到 1984 年、1985 年的时候，又发表过两首。

与蓝雪霏（左一）在台湾高山族（阿美）学者家中（2016 年）

我第一次写作论文，也是在大学四年级的时候。那时定的题目是《广西多声部民歌规律初探》，黎先生认为可以作为毕业论文来写。这篇文章是我研究中国多声民歌的开始。二十年之后，我以这个毕业论文为基础增加了后来多次到广西采风的一些材料，先后写过三篇有关广西民间合唱研究的文章，即《广西民间合唱中的调发展》《广西民间合唱的和声音程特点》《广西民间合唱的多声结构形态》，分别发表在中国、中央、上海三所音乐学院的学报上。事实上，我在读大学期间没有真正到广西的民间音乐生活中采过风。毕业论文是在本科四年级写的，开始计划先采风，当时也曾打过报告给学院的丁善德副院长，希望学校能够批准我到广西采风。由于正值大学四年级快要结束之前，丁先生认为时间太紧，经费也紧张，就未成行。等到五年级本应该毕业的时候，学校让我到北京来了，所以后来就没有继续。

我第一次到民间采风，已到了1980年。

当时我在中央音乐学院作曲系教授和声课，正好是陈怡、叶小纲他们那一级，这一级的和声老师有三位，分别是吴式锴老师、赵宋光老师和我。1980年春节，系里决定去广西采风，分成三组，派三位老师带队，一位是杨儒怀老师，一位是我，还有一位是文化课老师宁静——当时的系支部委员。我带领的小组当中有陈怡、周龙、叶小纲、陈其钢、刘索拉、瞿小松他们几个。开始时，全队三个组是集体行动，到了广西先在桂林待了一天，然后再分开活动，杨儒怀老师一组去中部，宁静老师一组去西部，我们

广西壮族歌圩（1981 年）

组去南部。

我带的队伍一开始就遇到了一个问题。我们从南宁出发，采风目的地是南边的德保、靖西。当时对越边境自卫反击战还没结束，地处边界的德保、靖西还时有冲突。我们从南宁出发没有带介绍信，只是拜托当时在广西壮族自治区文化厅工作的范西姆（中国音乐学院的早期校友）口

广西防城港壮族天琴艺术团（2004 年）

头与地方先联系了一下。但当我们快到靖西的时候却被边防军拦了下来，被告知有些地方还在打仗不能前往。我们又不好再回南宁，于是就留下来等，给范西姆打电话，让他再想办法联系、沟通。待了好长时间，问题终于解决，才一路放行让我们到了靖西和德保。

在靖西、德保的采风主要有两个内容：一个是参观靖西公墓（广西靖西烈士陵园）；一个是采集当地民歌。

靖西公墓规模很大，是为安葬在对越自卫反击战中牺牲的烈士修建的。在里面，我们看到很多年轻战士的墓。

靖西是与越南交界的地方，由当时靖西、德保的文化局领导和工作人员带我们采集当地的民歌。在靖西的采访主要是听当地歌手演唱民歌，文化工作者把会唱民歌的歌手召集来给大家唱，我记得有靖西调等。最重要的活动是到德保参加歌圩会，当年我在上海开始搞广西民歌研究的时候，特别感兴趣的就是德保的“歌圩”（“赶圩会”）。

赶圩主要在春节前后进行，我们在春节赶到，正是时候。我们到现场之后，看到圩场很大，是个山坳，两边是高山，中间是坡地和平地。当地人说赶圩要三天三夜，我们到时已经是人山人海，据文化局的人说估计有一两万人。那个时候赶圩刚恢复不久，大家很感兴趣，来参加的人很多。据说，参加的人当中除了中国人之外，还有一些越南民众。

因为中国、越南边境很多人家都是亲戚朋友，而且民族也相同，其实就是同一个族群跨界分布在中国、越南两个国家。所以边界地区的人来得很多。来赶圩的有男有女，我带着学生尊重当地的习俗，女生跟着女性队伍，男生跟着男性队伍。男性主要是到处游走，女的一堆一堆地在小山坡上坐着，等候男的去招呼，男的边走边唱歌。所唱之歌，就是我说的那个三天三夜都在唱的二声部的赶圩调（《德保调》），男男女女都唱同一个歌调（领唱是主旋律，其他人以稍低一点的音高和唱），只是调高不一样。

虽然调高不一样，但因为他们定调很高，所以漫山遍野都是这个震天响的歌声。当地的文化局局长一直陪着我，我问他，他们唱的是什么。那个局长很耐心地跟我解释："他们唱的其实是一个比较完整的谈恋爱过程，就是开始去的时候，男孩子找女孩子，女孩子如果对他们不感兴趣，就不抬头，低着头坐在那儿。如果一旦碰上长得比较好的，有点儿心动的，女孩子们可以站起来迎接这些男孩子……"我们等了很久，跟着男队走了很长的路，就是碰不到一个能站起来的女队。那天我们是晚上 9 点多到的，到了 11 点多还是没碰到。后来我就跟局长商量，是不是我们换一个队伍会更好一点？局长说不着急，开始的时候女孩子都是害羞的，到后面女孩子才会主动。事实也如此，大概午夜 12 点之后，整个赶圩会上才更热闹，过了 12 点之后，女孩子站起来的几率也多了。之前说赶圩要三天三夜，实际上他们通常白天睡觉，主要活动就是三个晚上，男的到了就唱，大致上意思是：“阿妹，我们找了你们好久，现在终于能够碰上你们，太喜欢你们了。如果可以的话，我们唱唱歌，交个朋友。”如果女队中意，就会站起来回答：“阿哥啊，我们等了你们好久”之类的话。然后就开始相互自我介绍，我们来自什么村寨，离这儿大概有多少远，几百里路还是几十里路？家里有什么人，整个的生产生活情况都会作一番介绍。因为他们唱的方言我们都不懂，所以就听局长作大致上的意思翻译。这时，男队手里的手电筒都开始晃动起来了。这里，来说说手电筒的用处。我进场去的时候，守门人看到有局长陪着我，也给了我一个手电筒。我当时觉得晚上的月亮挺好，要手电筒干吗？原来手电筒是有特殊用处的，用什么呢？就是男子拿了手电筒，他就有了特权：可以照姑娘。而在汉族看来，拿手电照姑娘家是不礼貌的，是不被允许的。但在这里我看到的情况刚好相反，就是男子用手电筒一照姑娘，姑娘反而觉得很精神，头一横让你照着。这么照了一阵之后，男女之间就会有一种相互之间的交流，之后这个男子就可以上去拉这个女子的手，离开这个队伍。这个风俗，我在侗族、彝族等民族的类似活动中也见到过。譬如，侗族在晚间对唱侗族大歌，男歌手为了更加看清楚女歌手的长相，就将火塘中的柴火拨旺。当他们离开我们唱歌的队伍时，我们队中也有人想跟着他们去看个究竟。局长说，这个时候不能跟了，他们要到山洞里、树林里去，两个人就要真正进入谈恋爱的过程，所以你们跟去就不方便了。

我们参加的第一天的歌圩活动，是整个活动的第一部分。

在歌圩活动中，带队的歌手都是年纪大的、有经验的。一般是指三四十岁结过婚的人，他们带着年轻小伙子去交流，如果唱词唱不来，就由他们来帮着提唱词。到了第二天晚上，就会出现比较动人的情况。第一天，大家已经比较熟了。第二天，有缘的话还会碰到这个队伍。碰到这个队伍之后，自然就可以进一步地交流，他们就用《德保调》开始集体相互对唱，包括自己心里想的，甚至是比较深层的东西唱给对方，这个叫作“深交歌”。第三天，有情人之间相互告别，唱《告别歌》，等待下一场赶圩时重逢。壮族同胞谈恋爱就这样谈，初逢之后，留有期待，约好明年再来。如果明年还能够见得着对方，就可以去给父母提

京族大独弦琴弹唱
（2011年，广西）

亲，如果不行那就算了，断了缘分。所以在这个过程当中，男女之间是一种很煎熬的、期待的心情，整场歌圩活动反映了男女交往的一些实际情况。

这种两性的交往实际上与当地的祭祀活动有关。最早的赶圩就有两个功能，一个是做集体的祭祀；另一个就是男女交往。后来我看《诗经》体会到，包括汉族在内的许多民族都有相似的情况。《诗经》当中记录的很多场面，都是男女通过祭祀活动相互交往，最后能够结合在一块儿作为社会繁衍的一个过程。

我们在德保待了十多天，收集了不少民歌。当时叶小纲他们还记录了厚厚的一本，准备回京汇报。除了德保县之外，我们后来又到了桂西、桂北的很多地方。这次的采风活动给我们留下了深刻的印象，后来很多同学还根据采风所获创作出一批作品，其中有陈怡的《多耶》、谭盾的《风雅颂》等。在采风活动中，谭盾他们几个跑到瑶山上去，发现有的瑶族民歌的音阶形式跟日本的很多音阶形式是一样的。那时刚好有日本学者想来中国了解西南地区的少数民族音乐跟日本音乐之间的关系，所以学生们在作调查的时候也作了一些相关的研究工作。

第二次长时间的采风是在 1984 年。

1984 年暑假期间，中国少数民族音乐学会在贵阳成立，我参加了那次会议。在这个过程当中，我同贵州的音乐家们有了交往，商量着去贵州各地采风的计划。他们都很乐意帮我做介绍人，最主要的有王承祖，他当时是贵州文联的负责人；黔东南的音乐学家们知道我要去，也都表示非常欢迎，愿意陪着我去。我重点选择了苗族、侗族、布依

贵州从江侗族牛腿琴、侗琵琶弹唱（2023 年）

族三个民族，另外还有水族、仡佬族等。我在整个黔东南的七八个县转的时间比较长，大概有几个月的时间。

当时开完会，我就直奔黔东南，走了一圈之后还到了黔南的布依族聚居地。特别让我感动的是杨方刚、张中笑、李继昌等音乐家分别陪同我到下面去，他们亲自给我作引导、作翻译，告诉我各地的特色，节约了我很多时间。那个时候我只带着一个录音机，很宝贵，除此之外没有其他的设备，连照相机、摄像机都没有。后来我请李松（1958~2022，文化部民族民间文艺发展中心原主任）帮我把当时所有的录音重新整理，进行数字化保存，因此，这些资料至今还在。

我当时对采风的计划都没有特别按照音乐学的观念去做，主要是当时我采风的出发点是对中国式的民间合唱及其音乐的呈现方式感兴趣。当然，在这个过程中，我也慢慢地学习采风该怎么进行，后来也看了一些书，包括中国音乐研究所编写的《民间音乐采风手册》，逐渐清楚采风是怎么回事，该怎么进行，采风有什么方式，能够达到什么样的目的等。这个过程当中也逐渐有意识地积累一些方法，并用音乐学、人类学的理论和观念来指导自己的实践。

在贵州采集多声部民歌时，发现不同民族在歌唱的组合方式与演唱方式上有不同的选择，且是固定化的。比如，侗族大歌的歌队大多由 5 至 10 余人组成，称作合唱，真声歌唱；而布依族大歌和小歌，均为二重唱，大歌用真声，小歌用小嗓。但两个民族的多声歌唱，都可以纳入情歌的范畴。那么，为什么人类在选择、创造音乐形式时，会产生如此大的差异？这样的疑问常常困扰着我。有时甚至觉得，从音乐形式入手，弄清音乐生成的背景，这也许是音乐家弄清音乐与文化关系的一把钥匙！

在贵阳时，我就与贵州的同行和朋友们讨论、请教过用什么方法或体例来统一对多声部民歌研究的问题。在交谈中，朋友们分享了许多好的意见和想法。其中有人特别提出，运用语言学的研究成果，把中国各民族的语系分布与历史地理文化相结合，对多声部民歌进行整体研究。这不失为是一种好的方法，我赞同这个意见，并在后来写作《中国多声部民歌概论》一书的有关章节时予以实施。

我的第三次采风集中在1985年，地点是云南和四川。

缘起两件本来互不相干的事情，促成了这次的滇川之行。1985年夏初的一天，我接到云南好友吴学源的电话:“你不是想到云南各民族地区走一走、看一看吗？现在有一个机会。省音协和研究所刚好安排深入生活的计划，你若能来，可与他们同行。下去生活的多数是你的熟人，他们还可做你的向导。”机会难得，我立即就同意了。与此同时我还想到，在贵州时，曾与朋友们讨论过各民族的语言系属问题，而前几年我去采风的地方，各民族所用的语言多属汉藏语系壮侗语族及苗瑶语族，还没到过使用其他语言的民族地区，我也想趁此机会，多了解民族语言的情况。

到达昆明的当天，吴学源就告诉我，这次下去先往北到纳西族，与我同行的有李式啸、梅佳等人，之后的行程我们三人再商量。李、梅这两位都是我的熟人：李式啸是"文革"前中国音乐学院作曲系的进修生、民族音乐研究专家；梅佳则是"文革"前中国音乐学院音乐文学写作班的学生，一位诗人。我们从昆明出发，经过两整天长途汽车的行程，来到了此次生活的第一站——丽江古城。接待我们并充任向导的是丽江中学的英语老师宣科先生，他对纳西族的历史、文化、音乐都懂得不少，为人又很热情，一路上主动给我们讲解纳西与摩梭的关系，他那略带幽默、夸张的讲解引起了我们对了解纳西族音乐文化的期待。第二天他带着我们来到郊外的大东区——一个蕴藏有纳西族原生态歌舞的地方。当地最有名的歌舞叫"窝热"，也称"窝热热"，由男女二部合唱组成，演唱时伴有环舞的舞蹈，又称为"热美磋"，据东巴文的原意，它是一种敬神驱邪之歌舞。近代，"窝热"更多地用于人们去世之时，成为丧葬仪式歌曲；20 世纪 50 年代末之后，“窝热”被填上各种内容的歌词，逐渐演变成群众自娱自乐的娱乐歌曲了，但在老一辈歌手中仍保存着一种“原型”的、无具体歌词的《窝热》。所幸的是，我们当天晚上就听到了《窝热》的“原型”。晚饭后，当地著名的老歌手和爱香与和震强邀约了 20 多名歌手为我们表演，歌声中时时传出的羊叫声、呼吼声，将古代纳西族放牧生活模拟得惟妙惟肖，极为精彩。我把当晚的录音记谱收到了《中国多声部民歌概论》之中，后来又把音响附在了《中国传统多声部音乐研究》一书之中，以与读者共享。

两天后，我们来到了泸沽湖——纳西族摩梭人聚居地。那是一方因实行母系走婚制度而闻名全国的神秘土地。但几天走访下来，几乎听不到一点儿歌声，周围一片宁静。这样的环境，让我慢慢体悟到，也许正因为走婚制度，才见不到在壮侗地区天天能见的男女群歌的场面，而男女群歌恰恰是族外群婚制的外延形式，也是产生多声部情歌的必要条件。我希望看到、听到的歌唱形式在这儿怕是碰不到了，于是，我经吴学源、梅佳的联系、介绍，告别了李式啸等朋友，独自一人乘长途汽车经六个昼夜从云南北端的泸沽湖抵达了南端的瑞丽城。在那里我生活了近一个月，对傣族、阿昌族、景颇族、白族、傈僳族、怒族等民族的音乐活动进行了采访。对这些民族的采访，让我较多地接触到了藏缅语族各民族的情况，而其中的一个现象更引起了我的注意，即藏缅语族各民族大多保存有多声部民歌，因而我猜想与这些民族有着族源关系的羌族应该也会保存这种音乐形式。由于羌族主要生活在四川，于是我又追踪到了四川。但令人费解的是，不管是羌族的自治县，还是其他羌族聚居地区，都不见多声部民歌的影子。我专门去请教羌族音乐专家，他们很肯定地说搞了一辈子也没听说过有这个东西，让我不用再花那么多时间了，之前已经花的时间够多了。后来我又找四川音乐学院教民歌的老师，每位都请教过了，都说没有。无奈之下，我只好向历史求教，刚好那个时候在书店见到《羌族史》[①]这本书，其中有一段话让我特别感兴趣。大意是羌族最早从西北迁移到西南的过程中，第一站落脚点就是松潘。到松潘后经过长时间的修整，其中有一部分羌族留在了当地，现在松潘山区中生活的羌族可能就是这部分留下来的羌族的后裔，他们没有跟汉族融合，应该会保留较多的传统文化。这一段话虽然说得不详细，但我觉得很有意思，而且比较符合历史发展的状态，于是我就想进一步调查松潘地区的羌族。刚好有一个机会，阿坝州要搞一些民间音乐集成的整理采集工作，请中国音乐学院师生去帮忙。当时我计划前往，后因有事没去成，就委托同学帮我留意此事。同学当中有一个是比较“懂行”的，他叫黄文东，是壮族进修班的学生。这个人我至今还记得，虽然现在他已经去世了。当时我请他特别留意有没有多声部民歌，几个月之后，他回来给我听了一盘磁带，放的是最后两首歌。他说，这两首歌是当地松潘县文化馆的馆长交的时候有意识地把它洗掉的，但洗得不干净留了下来。他一听像是民间合唱，想让我再确认下是不是我想要的。我一听，果然是多声部民歌，欣喜至极！当天我就给学校提交了去松潘采风的报告，刚好王照乾老师要去成都出差，我跟他一起乘飞机到达成都。到松潘之后，我找到县文化馆，文化馆馆长刚好调去黄龙旅游开发区，我又追到黄龙去找他。刚一见面我就问他：“你干吗把这么好的歌洗掉不要了？”他讲：“好什么呀，音都唱不齐！”。他跟我讲他们去了好几次，录得都不行，唱得都不齐，所以就不要了。我告诉他我就要唱不齐的歌，让他赶快带我去。三天之后，我跟着他爬了足有千米高的山，爬到羌族的大耳边、小耳边等村寨，才发现那里确实是一个多声部民歌的“窝”。那个地方只有多声部民歌，没有单声部的民歌，所有合唱出来的歌都是多声部民歌。更有意思的是，把他们的歌唱与日常生活相对照之后，发现当地羌族的生活也全部是集体化的，比如祭祀绕场、休息走山坡是集体的；劳动是集体的；连谈恋爱也是集体的。我问过几个当地人：为什么一个人唱歌就不行呢？他回答说也不是不行，也有人会唱，但是他们一般唱歌就是几个人合在一块儿，多数情况是两个人或四个人，在集体的场合如祭祀、劳动时一起唱。一个人唱歌时就是唱山歌，有的时候一个人也可以轻轻哼唱。但是，唱给大家听的时候一定是要两个人或以上。

当我对各地多声民歌深入调查之后，确实发现我们以往对某些音乐现象的认识是有偏差的。过去一直说中国音乐是单音的，没有复音。实际上，问题不在于单音或复音，而在于文化所处的环境。单声与多声，是一种客观存在的音乐文化现象。世界各地的音乐形式都是单声、多声并存的，欧洲音乐也好，中国音乐也好；专业音乐也好，民间音乐也好，都是如此，这里没有高低之分，它就是一种文化现象，一种人类表达感情的不同方式。诚然，过去这样的认知，与既有的音乐呈现方式有关，譬如，我们的多声部民歌，大多生存在边疆的深山老林，不为人知。当我全面地调查了多声部民歌之后，我觉得有必要、有义务把我了解的情况告诉大家，把多声民歌本来客观存在的事实记录下来、整理出来，于是《中国多声部民歌概论》一书就

羌族民歌传承人郎加木、见车牙在草坪上唱《晏毕曼》（2019 年，马明拍摄）

完成了。书出版之后，专家们认为写的不仅是概论，有更多研究的成分，所以后来再版的时候就把书名改为《中国多声部民歌研究》。

有人曾问我：20 世纪 80 年代的民族和声研究思潮中，为什么我没有直接参与其中，而是投身中国民间去采风挖掘民间音乐？事实上对我来说，我的学习与研究，并没有把专业划分得很清楚，哪些是民间音乐研究的，哪些是和声研究，我没有特意区分。从我写作第一篇论文开始，到后来有机会到民间采风，都是出自我个人的兴趣。我一直想把中国的民间合唱、中国的多声部音乐搞清楚，是因为之前一直有“中国音乐没有复音”的说法，之所以有这样的认识，是因为我们过去对自己的东西不够了解，许多音乐形式散落在民间，不被人所知道、所发现。我有机会去研究，把这些告诉大家——中国有多声音乐，从人类的文化现象来说，这是一个普遍的客观的存在。外国有，中国也有，只不过在中国多声音乐的存在方式、形态各方面不一样而已。作为一个文化现象来说，我认为有必要把它搞清楚。其实我一开始搞的时候就有一个想法或认识，我一直不认为多声音乐优于单声音乐，我觉得多声音乐很好，单声音乐也很好，这是不同的社会背景下产生的文化现象。所以在我的脑子里这两样东西，民间的多声音乐、专业的和声研究，对我来说都放在同样重要的位置上，没有把它们截然分开，只不过有的时候作和声研究，更多的时候作中国音乐研究，如此而已！

当然，这跟我大学四年级转到黎英海先生的班上有一定的关系。因为当时我跟先生商量的学习内容就是这两部分：一部分是和声，对于西洋和声的继续学习，包括他的汉族调式和声发展的形态；另一部分就是中国的民间多声部音乐。

我做采风，大部分不去找当地文化机构的官员，而是找当地音乐界的朋友，他们对当地的音乐十分了解，乐意与我同行，我也愿意和他们交朋友。前面提到了广西、贵州一大帮的音乐家都是我的朋友，云南、四川，还有内蒙古、新疆、甘肃、青海、宁夏、福建、海南……很多地方都有我的好朋友，每次出差，都会得到他们从生活到工作各方面的帮助，如果没有他们的帮助，我将一事无成。我们在交往中，总是相互帮助、平等交流，他们与我交流学术问题，

羌族婚礼仪式中的妮莎竞歌（2020 年，四川茂县，刘雯拍摄）

我都会无保留地说出我的意见。至今，我还记得与各地朋友曾经讨论过的问题，譬如：侗族大歌曲式结构的基本原则；布依族大小歌的调式构成；云南哈尼族等民族存在的多个声部的构成及其成因分析；汉藏语系藏缅语族民族特有的大幅度颤音唱法与语言的关系；等等。

那时候去采风，民风确实比较淳朴。比如我第一次去小黄寨搞侗族大歌研究，当地人真的是追着我、排着队给我唱，一个村庄有十几个歌队，谁也不想落下。开始时，我跟他们强调要慢慢唱，唱完一段，报一个歌名。但是到了后面，他们完全不听我的，一首歌还没结束，但是怕被换下来，新的一首就抢着开始了。就这样，整个一宿，侗族大歌的歌声不断，歌者与来自周围村寨的听众热情高涨，场景十分感人，现在这种情景估计看不到了。所幸的是，我的整个采风过程，环境一直是健康、良好的。我没有碰到过采风被刁难的情况。

采风，在我的一生中留下了深刻的记忆。我于1990年完成《中国多声部民歌概论》时所写的后记中，曾有过如下记述，抄录如下："跋山涉水的行程无疑是艰辛的，其中还遇见过几次险情；但同时也是欢乐的，是各族歌手质朴而优美的歌声打动了我，鼓舞着我，只要一听到别具风韵的民间合唱，那旅途的疲劳也就随之一扫而光。我深深地为我们的人民具有如此奇妙独特的艺术智慧和创造美的能力所折服，为我们民族具有如此丰富精深的音乐遗产而自豪。”

注释：

①冉光荣、李绍明、周锡银：《羌族史》，四川人民出版社 1985 年版。

教学相长，和而不同
——我的和声教学

对包括多声部民歌在内的中国传统多声部音乐的学习、研究，我一直在进行着，这几乎贯穿了我的全部音乐生涯。我之所以作这方面的研究，主要与我的和声教学工作紧密相关。这里所说的“和声”，包括大小调功能和声及其教学，也涉及对中国传统多声音乐的探究。

“文化大革命”期间，中国音乐学院和中央音乐学院合并，成立了“中央五七艺术大学音乐学院”。后来恢复中央音乐学院的名称，我进入作曲系，并被调入作曲教研室，工作了很多年，所教的学生当中有杨勇、于京军、杨乃林等。到全国恢复高考招生的时候，就招收了谭盾他们那一班。当时中央音乐学院作曲系的总考区设在北京，由系主任黄祖禧负责，并在全国设立了北京、上海、广州三个分考区，其中北京考区由我来负责，上海考区由李西安负责，广州考区是哪个老师负责，我忘记了。因为那一年报考人数很多，优秀的考生的确不少，因此，招生人数不断扩大，从开始的 8 个、10 个，到最终的 34 个，其中像周龙、苏聪等，就是扩招进来的。

当时这一班中，苏聪他们后加入的七八个人，开始是以视唱练耳专业招进来的，但在学习的过程当中并没有再分专业。一些技术性的基础课程（如和声等），学习人数不宜过多，所以要分班。我当时还在作曲教研室，因此刚开始的时候没有参与这一班的教学工作。一个学期之后，当时的系主任黄祖禧老师找我谈话，说现在的和声老师有点儿紧张，之前教这一班的和声课老师是苏夏先生的夫人，但因身体原因，让我替代苏夏先生的夫人继续教学工作。当时之所以找到我，因为他们知道我过去是学和声的，他们也跟作曲教研室商量过了，可以把我调到和声教研室来。当时好像并没征求我的意见，而是作曲教研室的直接决定，于是我就开始备课。他们班三十多个人，后来分十几个人一班的时候，让我承担其中一个班的教学任务，另外两个班由吴式锴老师和赵宋光老师教授。在这个过程当中，原来赵宋光老师那个班的学生比较多，慢慢有不少学生转到了吴式锴老师的班，也有几个转到我这个班，记得最后一个找我谈转班问题的，是一位女同学。学生转班的原因是他们对当时赵宋光老师的教学体系和方法，感觉不太好适应。先前来找我的几个同学我是都答应的，但到这位女同学时，我却犹豫并拒绝了。因为当时我已听说赵先生一班的学生快转完了，认为这样的做法对老师不太尊重！但为她的学习着想，我还是与她私下达成一个协议——就是学习过程当中有不懂的问题可以来问我，习题也可以帮她改，但是不能转班。我这一班的学生是比较固定的，有谭盾、陈其钢、周龙、陈怡、周勤如、瞿小松、陈远林等，这个班的学生年纪都偏大，有社会经验、工作经历，而且对和声非常熟悉，有不少学生之前在附中或通过其他途径学习过和声，所以在教学过程中，我发现这班的学生非常活跃，他们能够及时发现老师教学当中的问题并提出来，比如老师哪里讲得不对、他们的不同看法等。对这样的课堂秩序，

随桑桐先生出访莫斯科音乐学院（1986 年）

有的老师不适应，我接这个班的时候提前了解了这个情况，所以我是有准备的。我的准备就是尽可能地把课备得滚瓜烂熟，要讲的内容我都用文字写下来，几乎每一个字在我备课笔记当中都有，每一道题要做几个不同的方案，特别是关键习题，那些和声纵向排列、横向进行的时候有什么问题，都会给出很多例子，然后我把学生做题当中的问题，也都集中到我的本子上来。

上课的方式跟其他班差不多，但是我个别改题的时间花得多，十多个人每人半个小时。我知道他们“爱提问”的特点之后，就采取有针对性地讲课，防止被他们东提问题、西提问题而打乱教学计划，这样每道习题做完之后就由我自己或让他们抄在黑板上，抄完之后还有一节课的时间，就请他们指出我做题当中有什么问题，他们提，我在黑板上记，一道习题差不多他们可以提十个问题，我把所有问题都记下来。这种问题当时在我看来是学习当中的基本问题，不管谁提什么问题，我都很认真地回答。

我在做题时也会用点“小计谋”，即在习题里故意埋下一点“错误”，使用一些与课本上不一样的方法做出来。比如说简单的声部超越，这个在和声的基本训练当中是一个很重要的问题，四个声部的进行是严格的，有一个声部超越了另外一个声部的时候，就叫作声部超越。譬如说最后属七和弦解决到主和弦，有时底下两个声部会出现同时、同方向进入主音这种情况，这时，属音到主音超过了导音的高度，这样就形成了一种所谓“声部超越”的情况。像瞿小松他们对和声很熟的人来说一看就知道这里有声部超越现象，他们就会提出来。我就告诉他们，什么情况之下声部超越是允许的，什么情况是不允许的。我每一节课所解答的问题当中，有很大一部分就属于这种最基本的问题，其中有一般的原则问题和写作当中实际碰到的问题，包括一部分的平行五度、平行八度等技术问题都会在习题当中产生，有时我也有意识地把这些声部当中的问题安排在我的习题当中，故意让他们挑出问题来，然后我来解释，为什么这么用，哪些是可用的，哪些是不对的，而且用实际作品做例子，某某作曲家是怎么写的，在什么样的作品当中怎么用的，为什么？引导他们对于和声的学习要从实际作品出发，既要遵守它的基本规律，又要符合音乐本身的要求。从这个角度出发，如果他们没有看出来的问题，我再给他们补充，几次之后，我发现教学效果很好。他们心里服气，就会把注意力集中到音乐上来。这一过程，对我来说也是一个严峻的考验。我从开始时的小心应对，到与同学们平等交流，把他们的学习注意力从单纯的技术、禁忌，扭转到音乐中来。我原本对传统和声学就比较重视，通过这一轮教学，又让我对其“细嚼”了多次，到这个时候，我才真正体会到传统大小调和声的奥秘，也体会到了“教学相长”的真正含义。

起初，同学们把很多时间用来提技术问题，后来慢慢少了，但不久又进入另外一个层次。这班学生思维活跃，思考的问题涉及面广，有时课下会提出一些他们在创作中碰到的问题，比如调式和声问题、现代风格创作的问题等。他们对我的教学评价还算不错，说我教得很好，道理讲得很清楚。但是他们并不满足，认为他们当时在创作中要用的和声在我的和声课中讲得太少。

如何解决他们需要的和声知识与技能?

这个问题很关键，我告诉他们需从两个方面分析：一方面是学习本身。学习的每个阶段与创作不是完全对应的，不是现在学什么就能用什么，不是现在学什么就创作什么，不是这个情况。学习之后要有一个融入整个系统当中去运用的过程。另一方面，我承认他们提的问题，我也处在学习阶段，近现代和声部分，我也需要补课。要把这些问题与中国音乐相结合来理解、来应用，更需要进一步地学习与研究，特别要多分析中外当代音乐作品，我们可以多交流。

同学们的问题，虽然超出了课堂教学的范围，但我觉得提得特别好，很有水平。所以我对自己提出要求，要求

与黄虎威（左一）、吴式锴（左三）参加“全国高等音乐院校和声学学术报告会”合影（1986 年，武汉）

自己在这方面多下功夫，并制定了一份学习和研究计划。我认为，我们现在的和声教学，既没有古典乐派之前的内容，也没有浪漫乐派之后的内容，当然更谈不上中国音乐的和声。也就是说，我们当时所用的教材，除了古典、浪漫时期的“共性和声”之外，其他的都没有涉及，中国音乐的和声更没有了。这样的教学，对 21 世纪大学生的知识需求来说确实是不能满足的。所以，我认为他们提出的问题很正确，和声教学的改革是应该向前推进的。

我们的和声教学，虽然有一定的教学规律，但是脱离了实际的应用，对学生的培养来说这是个大问题。过去我们不太重视这个问题，学生们提出来之后，我觉得这个问题非常严重。于是当时我跟和声教研室主任吴式锴老师商量，计划搞一个和声教学改革，他同意后，我起草了一份和声教学改革报告给院长，汇报我们对和声教学改革的基本思路。其中还附了一份我自己的研究计划，对传统和声学的之前和之后两个时间段进行开拓与扩展的研究想法，之前阶段是指古典乐派之前的和声，包括最早的民间多声、最早的欧洲专业音乐和宗教音乐部分；而之后阶段是指浪漫派音乐之后的和声研究。在报告中，我提出要先把后期浪漫派和声的问题搞清楚。我认为，浪漫派之后的和声现象非常复杂，后期浪漫派是从浪漫到现代的桥梁，桥梁的问题不解决，我们的和声教学与研究很难深入下去。但是这个报告现在找不着了，估计在中央音乐学院的档案室会有保存。

受这个报告启发，我与吴式锴老师商量，我们的和声教学改革可以做得大一点，具体想做什么呢？我们想同时改革附中的教学。为了加强附中的教学力量，我和吴老师主动到附中教和声课，同时也希望我们的计划中可以加入一些实验性的想法，并且先在附中实施。当时，蒲方他们那班就是我教的。

在这个过程当中，我对和声研究计划分两步走：古典乐派之前和浪漫乐派之后。这样的构想当时是受到了沈知白先生的影响，他是上海音乐学院音乐学系的教授，知识丰富，他在几篇文章当中都提到相关的问题：欧洲多声音乐的起源是民间合唱，特别是格鲁吉亚作曲家所用的和声与民间音乐有直接关系。当时也有一种说法，奥尔加农最早的形成跟民间音乐也是有关系的。所以，第一阶段，奥尔加农一直到文艺复兴这一段的和声，先把它搞清楚，为此我学习了大量资料。然后，我把研究的重点放到我们自己的民间音乐特别是民间多声部音乐当中。因为欧洲的民间和声对欧洲的专业音乐产生了很大的影响，中国的民间合唱那么丰富，也一定会对中国的专业音乐给予理论上的推动。有了这种想法，我把第一阶段的目标就定在对多声部民歌的研究上，开始对多声部民歌进行有计划的调查与收集工作。

现在想来，当时我对和声研究与教学改革有点儿过于着急了，尽管事先我与吴式锴老师商量过，也跟院长作过汇报，但是当时没有形成一种氛围，教学改革特别是音乐技术教育改革，比如和声教学改革怎么进行，学校里还没有计划，也就没法给我回复。怎么办？我就先按照我提出来的做，第一阶段把主要精力放在了对中国民间合唱的收集、整理和研究上。开始都是零星的，一点一点地做。做得多了，我产生了一个想法——一定要把我们的民间合唱从整体上加以整理。因为这里面是有规律的，要把它的规律总结出来。同时，那个时候已经开始讨论中国音乐理论体系的问题。中国音乐理论体系不能空讲，不能光有一个大的设想，要有具体的、一门一门的学问。那么既然我要研究民间多声部音乐、民间合唱，是不是也可以按这个要求先做起来。所以开始写《中国多声部民歌概论》的时候，我并没有这方面的想法，后来渐渐地才有把它作为一个系统进行总结与分析的想法。

所以在我的研究过程中，从多声音乐的角度来说，我花的精力最多的是多声部民歌，后来才扩大到传统音乐的

羌族转山会（2019 年，刘雯拍摄）

各个领域。但是搞这么大的课题，个人的力量确实难以承担。做这样的事情应该是在全国范围内大家参与来做，就像我们搞“集成”工作一样。既然没有条件，我只好请几位同好尽可能地一起做。我想先把整个大的框架搭起来，把一个体系性的东西抓起来的话，对将来深入研究是有好处的。

大家现在看到的多声部音乐研究，好像更多是看到我取得的成果，但是我现在看到的更多是其中存在的问题。关于中国多声音乐研究，我认为最大的一个问题就是，中国的范围太大、地域太广，虽然我除了西藏没去，其他省区市都去过，但事实上每个我去过的省区市内部都有很多地方没有走到，也还有好多民族没接触过。另外各地民歌依托的文化，特别是语言并不掌握。这当然是个矛盾，如果想掌握语言去做，就不可能从多数民族的角度来做，因为一个民族、一个支系，就够一个学者做一辈子的。所以这个矛盾问题一直困扰我，始终没解决。我想如果有更多人共同来参与这件事情，可能将来会做得好一点。我当时做了，我觉得它是中国音乐体系的一部分。我现在还在做，是希望将来有人继续做的话，可以有一个比较好的基础。

细究起来，这个问题涉及很多方面，包括我个人的记谱、对于每个音乐品种的历史、各方面的背景、使用的场合，都还是差得很远。所以到后来搞中国传统多声音乐研究的时候，我明显感到力不从心。多声部民歌的研究已经花了我很多时间，再把视角扩大到整个中国传统多声音乐，我的确没有精力。但是不做又觉得可惜，如果我不做这个基础，目前没有人接得上去。我做一个基础、打一个样子，能够激励后辈继续做这个事情。因为这是中国音乐理论体系当中的一部分，而且是一个很重要的部分，它涉及整个中国音乐的思维，不仅是一个多声音乐的问题，而是一个关乎中国音乐思维的问题。单声、多声，它不是一种形态上的问题，而是一种文化的问题、思维的问题。欧洲音乐有什么样的思维？中国音乐有什么样的思维？不是简单地从单声、多声的角度分析它们的构成，因此我想还是把它做出来，并申报了课题。

现在的年轻学者都希望做课题，把能够获得课题作为极大的荣誉。但我并不这样认为。申报课题之后，常常由于种种原因很多的事情并没做好，因此，我更希望把工作做扎实。所以我后面参与的课题都是因为工作原因被安排到我这来，包括教育部哲学社会科学重大攻关项目。我认为作为一个从事音乐专业的中国音乐家来说，对中国音乐的很多基本问题，你不去搞清楚，这是一个责任问题。本着这样的想法，我相继招收了博士生、博士后参与其中。我起一个头给他们打个基础，在这个基础上再做，做出一个大致的成果。当然这个成果现在总体上来说，大家还认可，最近又被评为中宣部的精品出版工程，但其实我自己并不太看好，而是希望作为一个基础，以后有更多人来参与，并且做得更完善。

在我做多声部音乐研究的过程中得到了很多音乐界的朋友、歌手、乐手的全力支持。过去我自己完全没有条件，都是在大家的扶持与帮助下一点点进行。在做研究的过程中我也逐渐意识到，要想把中国音乐事业做好，一定要从体系建设上着手，不建立体系，中国音乐的来龙去脉搞不清楚，中国音乐根本的思维方式与欧洲音乐相互之间的关系搞不清楚。这个不仅仅是某一门学科的问题，而是整个大音乐学科的问题。所以我希望我的学生们、学生的学生们当中能够有这种意识，并且能够把前面我们做的事情进一步完善、深入。

上面啰啰唆唆地讲了很多，归纳起来，无非是两条：第一，对传统大小调和声，无论是从了解历史还是从应用的角度来说，都是我们所需要的，应当认真学习；第二，对现在的中国专业音乐和声教学来说，无论是内容还是学习的方式与方法，都有必要进行认真的改革，在改革中除了要密切关注世界音乐动向之外，还要特别注重对中国音乐元素的研究与应用，其中包括中国传统多声部音乐对中国音乐历史发展的推动作用，要把中国传统多声部音乐纳入和声这一视野中来。

最后，附带地说一点研究方法问题。我一直主张，搞学术研究，方法可以多一点，不同学科之间的交流也可以多一点，只要对研究有所帮助，任何方法都可以用。但从我们当前的学科存在情况来看，我认为学科之间还是存在一定隔阂。音乐学和作曲技术理论二者，应该是关系很近的两个学科，但现在好像走得比较远，学科之间的相互关系没有能够放得开。关于这一点我目前还没有太多的思考，只是觉得做音乐研究最好不要从学科角度出发，而是要从音乐本身出发，它里面包含了什么样的一种学科，需要什么就加入什么，这样的研究可能会路子宽一点。这方面我之前也写过一篇专业与学科的相关文章①，这里就不多说了。

注释：

①樊祖荫：《谈“学科”与“专业”——以音乐院校作曲系的专业设置与学科建设为例》，《音乐研究》2018 年第 1 期。

传承师学，继往开来

——我的和声研究

1959年，黎英海[①]先生的《汉族调式及其和声》刚出版，我正好对和声学理论兴趣渐浓，所以拿到书以后就“拼命”看。对调式部分更是反复琢磨，并与苏联学者伊·斯波索宾等编著的《和声学教程》进行比较。之后，我又多次研读该书，并与我所看到的其他论述五声调式的著作相对照。可以说，黎先生的这本书使我第一次对中国五声调式的构成有所了解，并指引我逐步走向五声性调式和声的研究之路。

这本书的和声部分主要是把我国早期作曲家运用的和声方法加以总结，其中以八部样板戏音乐为代表的音乐创作实践所用的和声手法，就是黎先生总结归纳出来的。我后来认识到，这一部分的和声手法事实上是对西方大小调和声的适应性改造，为了能够适应中国的五声调式，参照西方大小调和声的功能而进行的改良。和弦上强调了三度结构，从功能与色彩上来说，突出了色彩性，相应地削弱了功能性，但是基本的路子还是大小调的功能和声，同时结合黎先生的调式研究，而且对包括黄自等人在内的中国作曲家的作品也下了不少功夫进行分析。

从创作实践看来，这个路子是能够为当时的音乐创作所运用和吸收的。当然我们不能把整个和声发展方向都归结为黎先生和声理论的应用，至少我们可以看出来，当时以样板戏为代表的音乐风格，在和声上没有超出黎先生所提出来的方法。黎先生的和声理论对推动当时的音乐创作，特别是推动中国风格的音乐创作起了很大的作用。但是从和声理论的角度来看，大多还囿于大小调功能和声的框架之内，这一点是我后来才认识到的。

我从附中开始接触和声，刚开始时的状态是书上写什么我学什么，升入大学才正式跟着黎先生学习。黎先生给我们班上课教授的就是当时的内部教材《多声部音乐写作》

与黎英海先生（1995 年，北京）

中的基本观点。黎先生作为当时一个教改小组的组长，他讲课有一些改革。他并不是完全按照书本来讲，而是先讲宫、商、角、徵、羽五个调式的基本和声语汇，之后再加入主调、复调的织体形式，从而把复调与和声合并在一起上课。

我跟黎先生的学习主要包括以下内容：和声分析、音乐创作和多声部民歌研究。第一部分是和声分析。当时的形势提倡民族化，虽然接触欧洲古典主义、浪漫主义音乐受一定限制，但黎先生的教学还是尽可能地为学生开阔视野，作品分析涉及浪漫派后期的作品，包括德彪西、李斯特等作曲家的作品。第二部分是音乐创作。黎先生的伴奏写得特别好，我主要跟他学习伴奏写作的方法。第三部分是多声部民歌研究。前面提到过，当时上海音乐学院有广西进修班，我就是从广西的民间合唱开始进入多声部民歌研究领域的。

事实上我跟着黎先生上专业小课是到了大学四年级。因为从四年级开始正式分专业，一个偶然的原因，我们班的专业分流引起了学校的注意。那个时候上海音乐学院本科学习五年，分成两个阶段，前三年和后两年，后两年要分科分专业。分科学什么，学校里一般是不太干预的，主要是系里与学生商量。我在本科阶段的学习还算可以，老师们比较喜欢我，因此有几位老师都希望我转科的时候能转到他们那儿去。第一位对我感兴趣的老师是钱仁康先生，他希望我学作品分析。我在本科学习的时候，一直是钱先生作品分析课的课代表，所以他对我的印象比较好，希望我能够把这门课学好。第二位对我感兴趣的老师是桑桐先生。他觉得我的和声还不错，但是他没有直接跟我谈，是另外几位老师希望我能

与钱仁康先生（1991 年，香港）

够随桑桐先生学习和声。我个人跟黎先生接触比较多，对黎先生的和声研究、音乐创作一直很仰慕。但在当时的情况下，我怕得罪某位老师，没有立即表态。曹光平是我的同班同学，在班里年纪最小，我们叫他“宝宝”。他非常主张我跟着黎先生学，还拉着我去找钟望阳书记。钟书记问我的想法，我说各位老师都很好，因为只能跟着一位老师，就由学校决定好了。曹光平提出我们应该大力发展民族化音乐的教学，认为我跟着黎先生比较符合当时的情况。钟书记当时就说：“这个话说得对，我们搞中国音乐的要多研究中国音乐的东西，那是对的，方向没错，你就安心搞这个。”钟书记顺着我们的话定下了我们的分流方向,之后我就转到了黎先生的班上。整个班有十个人左右，作曲、曲式、配器都分开了，当时转到黎先生班上学习和声的只有我一个人。到了四年级，我就跟着黎先生，学习的重点就是我前面谈及的几个部分，五声性调式和声和近现代和声分析、伴奏写作和多声部民歌研究。

那个时候师生关系非常紧密，也比较随意。只有两年的时间，有这么多的内容要学习，所以主要靠自己用功。我一般在周三或周四完成作业，写完了就给黎先生看，随时可以去找他。但是，这样的学习方式只维持了一年，因为这学年结束时，学校就通知我，下学期转学到中国音乐学院。

我自 1964 年 9 月来到中国音乐学院之后，开始协助黎英海先生批改部分学生的和声作业，但真正担任作曲专业的和声主课教学，则是从在中央音乐学院教授陈怡、瞿小松那班才开始的。这班学生基础好，思想活跃，提出的问题极有针对性。有一次课后交谈，瞿小松直截了当地跟我说：“老师，你的课讲得很好，改题也好。但我们还想学习近现代和声、调式和声等实用性强一点的内容，能否教给我们？”

实际上这些问题也都是我平时思考的问题，但当时受主客观因素影响，还无法将这些知识系统地教给学生。因此我就给自己提出了相关的研究计划——向传统和声学的两端进行扩展研究：其一，是作民间合唱研究，或是民间的多声研究，希望能够将传统大小调之前的西方多声音乐与中国的多声现象结合起来；其二，是传统大小调音乐之后的，将五声性调式与近现代和声技法结合起来。

因此，我的研究任务实际上是针对传统大小调之前与之后的研究，但前后都是要跟中国相结合的，这也符合我自己的实际情况。于是，从 1980 年开始，几乎每年我都会找机会深入民间生活、学习和采录民间合唱、民间多声音乐，到 1990 年十年时间，我走了 30 多个民族和地区。到 1991 年完成《中国多声部民歌概论》的写作，这本书于 1994 年由人民音乐出版社出版。这算是一个阶段的研究任务。在完成这些之后，上级主管单位要我接任中国音乐学院的院长职务，经过一年的来回拉锯之后，我最后接受组织的决定。我做事比较认真，在担任院长之后，我就

“中国传统多声部音乐形态研究”学术研讨会（2016 年）

将全部时间和精力投入学校的管理中，于是也不得不将研究工作先停了下来。

直到 1996 年卸任院长后，我才恢复原来的研究计划，开始进行五声性调式和声的研究，尤其是对于中国五声性调式和声在近现代和声研究中所产生的一些主要问题作进一步的思考。对这些问题的思考也同时是受到了桑桐、王安国等先生的影响。关于中国当代创作的和声问题，虽然在很多文章中都有所谈论，但并没有作一个系统性的研究。我想尽可能地把这些都整合为一个完整的内容，使之逐步系统化，比如四五度和声，很早就有理论家在讨论，但是我在思考四五度和声究竟是怎么构成的，理论上从音程到和弦，再到整体的和声结构，甚至是到全部的系统等，我想走一条大家都在说，但尚未形成理论的路径。当然，现在看来还是对方法的研究比较多，对理论的研究比较少。但是我的计划就是希望能够实用，希望能够将近现代和声与中国的音乐特点、调式特点相结合，更直接的目的是用于教学，以便用于解决谭盾、瞿小松们提出的问题和要求——既要有近现代的手法，又要有中国的风格特点。1999 年我以“五声性调式和声研究”为题申报了国家艺术学课题，并于 2001 年完成，2003 年定名为《中国五声性调式和声的理论与方法》由上海音乐出版社出版。黎英海先生为此书赐序，认为：“本书较全面地反映出本课题领域在理论上及创作手法上的多样性，扩大了本课题的视野和研究范围，深化了对问题的认识，具有很高的学术价值和实用价值。”本书的出版受到了和声学界的重视，刘康华等和声学家发表文章予以高度评价，并于 2006 年获得了文化部文化艺术科学优秀成果二等奖。

回顾我研究中国五声性调式和声的过程，有一些认识和感受。

第一，中国五声性调式和声的名称是后来定的。开始就叫作五声性调式和声研究，之后考虑到五声性调式虽然是一个世界性的现象，但是中国的五声性调式存在有自己的特点。表现在三个方面：其一，我们的调式中音的构成及走向与世界其他地方的五声调式是不一样的，有我们自己的特点。除了大的特点之外还有小的特点，比如说蒙古族、藏族的五声调式，尽管非常相像，但还是有不同，包括结构不同、旋法也不同。其二，我们的五声调式除了五声的形态之外，更多的是五声性七声调式。五声性七声调式的变化多样，在世界各国的调式现象中都是少见的，比起单纯的五声调式来说我们的调式更丰富。其三，中国对五声调式的理论研究如此之深，历史如此之久，是世界哪一个国家都没有的，所以一定要抓住我们自己的调式特点。为此，在课题名称的前面加上了“中国”这个定语。

第二，从表象来说，五声调式要体现在音调和各个声部的进行中，如果音乐中完完全全没有五声的因素，离开了这个特点，也就谈不上五声性调式和声了。但是体现五声性的面要广一点，可以在旋律层面，也可以在和声层面，路子要宽一点。

第三，音乐发展到现在，和声的结构一定不能仅仅局限在三度结构之内。尽管三度结构和声依然有它存在的合理性，而且经过长时间的发展，现在和声体系也应该保留这个部分，但是不要局限于三度结构。所以在和声结构方面，巴托克早就说过，任何音可以配任何和弦。那么五声性调式和声的和弦结构除了三度结构之外，还应该包括四五度结构、二度结构、纵合结构等。

多样性还表现在和声进行上，不要局限于功能进行。同时音乐发展到现在这个阶段，近现代和声有着很大的影响，它的和声方法要与五声性调式和声相结合，这可以拓宽我们的和声思路。在和声语汇上，既要有中国的特性，特别要在五声性七声调式方面多下功夫。所以，我在写作《中国五声性调式和声的理论与方法》这本书的思考过程当中，将黎先生和前辈们的思路加以扩大。五声性调式和声的核心当然在于五声的运用，但五声的组织及其结构样态，无论是音组、和音，还是音列，则是变化无穷的，并由此带动宫系与调性在横向进行与纵向重叠上的种种变化。作曲家们已经注意到并利用这一特点在音乐创作上进行着新的和声语言的创造，欣喜的是，不少作曲家、不少作品已经形成了自己的和声语汇，受到了世界乐坛的广泛关注。

这本书大概写了两年的时间，其间征求、讨教了不少和声学家的意见，包括北京的黎英海、吴式锴先生，上海的桑桐先生，广州的赵宋光先生，四川的黄虎威先生等。同时还找作曲家们索取他们的谱子。我的运气比较好，这些作曲家和理论家都很友好。我到上海朱践耳先生的家里不下十次，他全部的谱子都是他手写的，我问他要，他就给我提供了作品的复印版。我分析他的作品，向他提问，比如他的《交响诗》，我问他作品中音调与和声相互之间的关系，我提一个问题，他可以回答一个上午。朱先生对我一直非常好，每次都非常亲切地称呼我祖荫。北京的罗忠镕先生、高为杰先生和四川的黄虎威先生都非常热情地提供手稿，黄虎威先生把他所有的作品都给了我。尽管如此，我觉得材料还不够全面，但这已经是在当时我的能力范围之内收集到的作品了。我在分析作品的基础上总结这些和声理论，譬如四五度和声，究竟什么叫四五度和声，它里面究竟怎么组织的？我想我搞不出大的理论体系的架构，对小的问题，如二度和声怎么回事？四五度和声怎么回事？纵合和声怎么回事？复合和声怎么回事？用实例把它们充实起来，系统地归纳出来，把我所认识到的和声现象归纳成为一种理论、一种规制，一种可以传授的知识信息。

《中国五声性调式和声的理论与方法》这本书稿写了两年，人民音乐出版社知道此事，希望能在他们那儿出版。我已经口头同意了，但是事情后来出现了一些变化。上海音乐出版社的社长王秦雁和我的同班同学李丹芬来我家做客，正好看到我在电脑上整理这部稿子。他们问："书写完了？"我说："写完了。""给谁？"我说："给人民音乐出版社。"王秦雁说合同拿出来。我说还没签合同。他说没有合同那就最好了。他们立即就把写好的合同交给我，让我签字。王秦雁是我的老同学，又是钱仁康先生的女婿，他这么一番操作我就没有退路了。于是当场定下来。本来书的名称叫作"中国五声性调式和声的研究"，王秦雁认为"研究"两个字不行，会影响书的销路。几个人思来想去，最后定为"理论与方法"，既有卖点又有销路。就这样，书稿在上海音乐出版社出版了。当时人民音乐出版社的社长原是我院学生，他听说此事后很生气，作为补偿，我答应他，等我将专著改写成教材后交给人民音乐出版社出版。所以五声性调式和声的教材后来是在人民音乐出版社出版。

我研究的根本目的是为教学服务，因此才将这本著作转化为教材。这种转化其实需要花许多功夫，难点就在于习题和整个教学进度的安排，所以思考了很长一段时间。记得在中央音乐学院召开的一次和声教学会议上，我提出，希望上海音乐学院作曲系的和声教研室带头将桑桐先生当时最新出版的、包括近现代和声内容的《和声学教程》中的习题补充完整，并应用于教学，以向全国推广。当时陈中华老师回答说："樊老师，你知道，要把每一章节的习题都完完整整地写出来，其难度是绝对不亚于写一本和声教材的，我们无法完成这个任务。"这种状况在后来将自己的论著改编成教材的时候，也遇到了。希望学生通过习题能够掌握和声的理论与技法，这个过程本身是非常复杂的，所以花的时间也比较长。2012 年，我终于完成《中国五声性调式和声写作教程》，2013 年 4 月由人民音乐出版社出版。现在看来，这本教程还不够完整，所以希望通过书的出版和使用，广泛地听取大家的意见。

我曾经这样问过我的学生们："我不知道你们看这个书、用这个书的时候有什么感觉？"

有学生这样回应我："这两本书我完完整整地看了很多遍，今天听樊老师讲，我觉得还是有新的收获，重新理解了樊老师对五声性调式和声理论的构思。有一种观点认为中国和声的做法还是要建立在功能的基础上。其实您的想法是想把它拓宽，和弦可以是三度结构，但是不仅限于三度结构；可以使用西方的功能和声，但不仅限于功能和声的方法；要把西方现代作曲技术容纳进来；适当吸取一些中国理论家的研究成果，最本质的问题还是要建立在作曲家的创作上，再对他们的创作技术进行理论上的总结。这本教材 2013 年出版，同年 9 月我就开始在广西师范大学使用。学生学过后感到很震惊，对学生的影响很大，因为学生以为和声就是大小调功能和声，他们不知道中国的和声原来还可以这样。但是想把中国的和声给学生说明白也很困难。我有一个朋友，他在广西艺术学院读书的时候听过樊老师的讲座，他跟我说樊老师讲得很好，但是他没听懂。他作为作曲专业的学生没有听懂讲座，说明五声性调试和声对于很多学生而言是很困难的。

今天听老师讲我才明白困难在什么地方。本身五声性调式系统就是很复杂的，虽然只有五个音，但是存在同宫系统、同主音系统等调关系，它就很复杂。再加上对传统音乐的理论不了解。现在的学生大多看不懂古文，所以也不明白乐学和律学。我跟宋克斌交流的时候，他一直强调律学很重要，樊老师也要求我学习陈应时先生的《琴律学》，包括赵宋光先生的《中国民族音乐形态研究与阐释》，看完之后我觉得还是有很大的收获，会颠覆我的一些观点。如果不懂传统的乐学和律学的话，就没有办法去理解他们那个时候对于音乐理论的一些看法，所以我印象很深是有一次向高为杰老师请教，他就讲两个观点，第一个是他认为五声性调式和声，是旋律的五声？还是和声的五声？第二个就是说律学跟作曲没有关系，不管是什么律，五度相生律、纯律也好，创作只需要考虑这个音乐作品怎么样去写。现在看来，我觉得他的观点可能还是有一点点问题，因为音乐本身说到底是一种文化，它可能会有它的现象，但是它本质的东西还是文化，文化就一定会有这种传承，它一定会和整个社会的观念融合在一起，所以对于音乐的学习和发展，肯定也是要融入一个大的系统当中来做。”②

我的五声性调式和声研究大概就是这样。从开始构思到最后完成这个书稿，花了很长的时间。我有一个习惯，一个想法和思路出来，先在脑子里想，过一段时间再想想，不断地想，所以一篇文章也好，一本书也好，总有一个过程的，写教材也是这样。在这个过程当中，我学习了很多前辈和同辈的成果，比如刘学严先生、王安国先生等。我给他们写信，学习、借鉴他们的观点。我并没有创造太多的理论，正如我申报课题时的初衷——尽可能地把原来的理论系统化，能够把它整理成为一条线，完成一个总的架构，在这方面起一点儿作用。所以到现在为止，有人要问五声性调式和声究竟是怎么回事？总的来评价也还是存在一定的困难，因为它不是一个新的和声理论体系。现在还有人提出希望能够建立一个体系，但我认为恐怕还要假以时日。现阶段我们只是尽可能对已经发现的问题加以剖析、加以总结，来拓宽这个领域的学术宽度。

中国五声性调式是一个复杂的问题。过去黄翔鹏先生作过一个名为“音阶论”的讲座，我也对此进行深入研究。有人曾问我，为什么对同均三宫问题不发表意见？这主要是我自己对这个问题有些疑问没解决。譬如，说到同均三宫，什么叫均？有学者解释为一个音阶领域，如果这个说法能够解释得通的话，那么同均三宫肯定是不够的，还应该有其他的宫系存在。因为黎英海先生提出五声性的七声音阶可以分成三种音阶形态，如果把三类音阶放在一块，一对比立即就可以发现五宫的问题。事实上黄翔鹏先生的观点来自黎先生的书，三种音阶就是黎先生提出来的。

从音阶看来，可以分为几个阶段，五声和七声是两个最稳定的阶段，五声当中包括了六声，也包括了不到五声的四声和三声，这是一个阶段。到了七声就更复杂。七声音阶至少有三种音阶形态，即雅乐、清乐、燕乐音阶。把三种音阶放在一块儿得到的是一个九声音阶，除了宫、商、角、徵、羽之外，还出现了变徵、变宫、清角、清羽，这样同均三宫是不够的。在这个C均里至少包含了C宫、F宫、G宫、D宫、♭B宫这样一个五宫系统。往上五度走do、so、re，往下五度走do、fa、♭si，这就是五宫。如果把五宫系统认识清楚，那么对于学界目前所讨论的同均三宫可能是有好处的。

这个均也可以产生八声音阶。八声音阶事实上是我们国家特有的，八声音阶第一次出现了同名半音，例如c和♮c。

过去我找不到一个非常典型的八声音阶的例子，后来发现福建南音中的《因送哥嫂》就是完完整整的八声音阶。三类音阶可以从七声发展成为八声，直至九声音阶。所以音阶的形式究竟如何归纳？再往上又是一种什么样的发展？我想把这个问题能够梳理清楚，然后考虑如何去结合和声上的应用，特别是近现代和声的应用，好像目前还没有很好的办法。

如前所述，由于我自身对同均三宫的问题还有疑惑，我一直没有发表意见，因为还要去看大量的文献，过去历史文献是如何来论述这个问题的？或者没有论述过？音乐现象在哪里出现？如何去剖析这个现象？等等，涉及很多方面。上海音乐学院陈牧声老师也已经注意到这个问题，我问他有没有碰到五宫的情况，他说碰到了。因为研究这个事情，避开五宫问题就说不清楚。黄翔鹏先生是承认do、sol、re三个宫的，他的观点是按照雅乐音阶即宫、商、角、变徵、徵、羽、变宫进行推断，推出三宫。

2021年中央音乐学院音乐学研究所举办了一场同均三宫的学术研讨会，但是他们没有涉及这个问题。当时黄翔鹏先生也没有谈这个问题，这样，后面的问题就可能说不清楚。这个“均”，原来解释就是一个七声音阶的范围，但是应该包括三种不同的七声音阶，真正的“同均”是指能统合所有音阶形式。像这样的调式问题的研究，确实还有很多需要去挖掘的地方。我现在写东西写得慢，也不一定弄得出来，就这么先放着吧。未来音乐研究者如果有时间和精力，可以去考虑这个问题，多看点书。

注释：

①黎英海（1927～2007），男，四川富顺人，中国当代著名作曲家、音乐理论家、音乐教育家。曾任中国音乐学院教授、副院长。1948年，黎英海从南京国立音乐院毕业后主要从事音乐创作和作曲理论教学工作，先后在湖南音乐专科学校、中原大学文艺学院、中南部队艺术学院、上海音乐学院、中国音乐学院及中央音乐学院任教，为中国培养了一大批优秀的音乐人才。历任中国音乐家协会常务理事、民族音乐委员会副主任、北京音乐家协会副主席，《歌曲》杂志主编，中国民族管弦乐学会副会长、荣誉会长等职。黎英海先生是中国音乐界具有影响力的音乐家之一，他在音乐民族化方面作了很多有益的探索性研究并取得了突出的成就。出版的专著有《汉族调式及其和声》等；作品集有《五声音调钢琴指法练习》《民歌钢琴小曲50首》等。

②这段话是马学文对我的回应，我觉得他的话反映了一些真实情况，就保留在这里。

喜悦与遗憾并存

——我的音乐创作

提起音乐创作，对我来说，这是一个喜悦与遗憾并存的领域。我很早就有成为一个作曲家的志向，并以作曲家的身份加入了中国音乐家协会，但严格说来，我自认为并没有达到作为一个作曲家的基本要求，没有在技术、理念方面有所突破、有所创新，作品缺乏影响力，所以到后期，创作基本就放弃了。当然，这也不是说，我在音乐创作方面一无所获。在儿童音乐创作领域，还是有过几次作为作曲家的愉悦感受：20 世纪 60 年代初期，我在上海音乐学院作曲系学习，一天经过附小，碰巧学校放学，校门打开，孩子们簇拥着外出，有的细语交谈，有的轻声歌唱，忽然，一段熟悉的曲调和歌词传入我的耳中：“小三娃，放学后，一把镰刀拿在手”，这是我几年前创作的一首陕北风味的儿童歌曲，除了听过中央广播电台播放外，还真没有听过孩子们真声的演唱。我问走在我旁边的小朋友：“你们什么时候会唱这首歌的呢？”有个女孩抢答道：“下午刚在合唱课上学的，大家可喜欢了！”这是我第一次体味到“作曲家”的感受。第二次再遇到相似的情景，已过了20年。1985年初秋，我刚从滇北泸沽湖来到滇南瑞丽，在傣族、景颇族等聚居地深入生活，一天傍晚我在路过一所中校时，听到了从里面传出来同学们清脆的歌声，侧耳一听，是我在前几年写作的少儿歌曲《校园里的小白杨》，这首歌虽广为传播，但在离国境线如此之近的彩云之南能听到它，也可算是对作者的一种鼓励吧！

尽管作为作曲家的喜悦感在某些作品完成后时有发生，但我始终没有感到满足。我最早开始所谓的创作是在初中。当时不算正儿八经的作曲，而是会哼点儿旋律，琢磨一下聂耳、星海的歌曲，也作一点点分析。大概在初中三年级开始，在《浙江歌声》《江苏教育》这些刊物上发

表我所写的歌曲。最早写的歌曲，现在还能记得，第一首歌曲名为《渔歌》。现在回想起来旋律当然很一般，但是已经开始讲究旋律的写作方法，我现在已经不记得当时怎么考虑的。记得“**5 3 3 5 6 5 3 | 6 –**”这样一个主题，第二句用高四度模进构成。一听旋律，就是五声调式，而且在后面还用了一点宫系转换的发展手法，这都是一种无意识的，并不是考虑周全之后的产物。这是我的第一首作品，在《浙江歌声》的一个活页版上发表。

我创作歌曲的歌词都是其他人写，但我的记性有点差劲，很多歌词都记不得，《国歌》可以，《国际歌》也可以，其他歌曲，包括自己写的歌，能把歌词全部记下来的很少，但旋律我记得很牢。

现在回过头来看那些我创作的歌曲旋律，追求歌曲写得要比较完整，要讲究一定的方法。《渔歌》这首作品采用了调式综合的手法，它应该是一个商调式，中间转到了同主音的羽调式。

高中之后，我写了很多歌曲，以儿童歌曲为主，原因是两个：一个是我按照过去的写作路子不断积累；另一个是因为投稿的关系，我认识了《儿童音乐》杂志的负责人宋军。那些我认为还可以的作品，就投给《儿童音乐》杂志。

宋军是我国老一辈的儿童音乐专家，创作过很多儿童歌曲。这位先生是抗日战争时期新音乐运动的积极参与者，跟着李凌先生一起搞抗日运动，让我十分钦佩。他的家在香港，1949 年后，家里希望他能够留在香港，继承家族生意。但是他坚决回到内地，后来找到李凌和吕骥两位同志，就在中国音乐家协会主办的《人民音乐》编辑部做编辑，再之后吕骥同志请他负责《儿童音乐》的编辑工作。我在上海读书时，有一次他从北京到上海音乐学院找孟波，吃饭时把我叫去了，跟他就是这么交往起来的。从那之后我跟宋军的关系逐渐密切，那时写的东西几乎都交给他。随着投稿次数增多，宋军先生总是热情地给我回信，有时候也指出一些我写作中的问题。除《儿童音乐》以外，我也在其他刊物上发表了很多作品，大多数都经过他的手。其中就有流传很广的《喂得猪儿肥油油》，至今还在用作小学音乐教材。

创作歌曲的热情我一直保持着，在那个阶段，我写了好几百首儿童歌曲。本科阶段仍然以声乐创作为主，同时也开始写一些器乐作品。我记得有一部钢琴作品《英雄叙

广州羊城音乐花会合影，右起：宋小军、樊祖荫、宋军、李凌、孙慎、黄锦佩等（1980 年）

事诗》，当时请赵晓生担任钢琴演奏。在班上首演汇报时贺院长来了，贺院长听了大家的作品以后发表了一段很长的讲话，其中也讲到我的作品。他的总体意思是：音乐创作，特别是器乐作品，一定要非常讲究技术。一首好的作品是依靠技术的方方面面完善起来的。作曲不是像写一首小歌那样，随便哼几句就能达成。要创作一部作品，一定有很多的办法，这个办法每一个学作曲的人都要掌握，要不然就不能写出一部完整的作品。然后说我创作的《英雄叙事诗》的主题很好，很有气势，很符合题材要求，但是发展到后面，缺乏完整的构思，缺乏段落与段落之间相互的关系。在我印象中那次音乐会后贺院长讲了很多。

大学期间我的作曲老师换了四个。不仅仅是我，当时上海音乐学院主科老师几乎都是每年更换。第一年我跟随沙汉昆先生学习，第二年换到陈铭志先生名下，第三年是王云阶先生，第四年跟随黎英海先生学习。像这样每年换一个老师和跟同一个老师一贯到底的做法，我觉得是各有好处。我在那个时候作曲兴趣很浓厚，常常思考创作。

大学二年级我在陈铭志先生的班上写过不少器乐作品，现在留下来的有一首圆号与钢琴作品《草原音诗》，这首作品在《音乐创作》发表，由电台播出，选作考级曲目后大家都在演奏，2014 年还收录到人民音乐出版社的《中国音乐百年作品典藏》里去了，这是我唯一入典的作品。在陈老师的班上还写过小号、钢琴等作品，那时的想法是把各种类型的乐器都写一遍。小号独奏曲《郊游》在星期音乐会演出后在一些音乐学院流传，被天津音乐学院的陈锐教授保存下来，2020 年才由西南师范大学出版社出版。

王云阶先生在作曲技术上常常有自己独特的想法。他讲到倒影的时候，说中国调式的倒影比较特殊，如果以 re

（商音）为中心，可以构成一个完全对称且结构相同的倒影。我跟王云阶先生学的时候写过一首钢琴作品《在河边》。这首作品后来用在《中国五声性调式和声的理论与方法》这本书中当作倒影的一个例子。除了商音之外，以其他音级为轴都不能获得对称的音阶结构。王老师告诉我这个办法，让我用这个方法去写作品。当时写了几首，但是后来留下来的就只有这首《在河边》。这首作品的题材是我的附中生活，所谓在河边事实上是在湖边，就是当时上海音乐学院附中东平路 9 号院子里面的一个小小的湖。站在湖边有倒影，我还保留着一张站在湖边有倒影的照片。当然我把这个例子放到我的这本书的时候，并没有提及王云阶先生的商核论观点，只是讲了五声性音阶倒影的办法。

跟着不同的老师学习，就会写不同的作品。跟沙汉昆先生学习时写得最多的就是歌曲。曾经写过一个很长的、说唱性的、带民乐伴奏的女声独唱作品《英雄的妈妈》，汇报演出后，受到了老师和同学们的肯定。

我毕业的时候，由于社会环境的原因，教学秩序开始有点儿松懈了。后来我们被派去“社教”一年，毕业音乐会都没有举办，所以学习阶段我没有机会创作一部大型的毕业作品。但是当时我一直把写作品当成首要目标。同时因为学科方向定的是和声，所以也比较重视理论上的研究。在我身上，作曲和理论研究之间的界限没有区分得很清楚。从中国音乐学院到中央五七艺术大学，我一直在作曲教研室工作，1978 年之后换到了和声教研室工作。

到北京后，我创作了几部电影音乐，最早是 1969 年电影纪录片《南京长江大桥》的音乐创作。南京长江大桥是我国独立建造的第一座长江大桥（武汉大桥是由苏联专家帮忙建造的），这部电影纪录片音乐由我和张殿英一起完成，他是我的同班同学，毕业之后分配到中央新闻纪录电影制片厂音乐组工作。我负责创作电影主题歌、张殿英负责插曲，其他音乐则按照分镜头各自创作，一共有七八段，写完之后由新影乐团录音，还有一些背景音乐是由电影纪录片的音乐编辑根据现成的录音资料素材整理完成。

为了创作这部电影纪录片音乐，我们到南京体验生活，参观南京长江大桥，和建造大桥的负责人、工程师们见面。之前我对电影的制作过程完全不了解，参与之后我才知道电影是怎么拍的，才知道电影拍摄里面名堂很多。比如：摄制组为了拍太阳升起，在南京待了很长时间，但是怎么拍都达不到要求。最后摄制团队有人提出倒过来拍，拍傍晚的日落，拍完了以后倒过来放，就和早晨的日出一样了。再比如：大桥接通的时候，电影画面中两岸的工人涌上大桥热烈拥抱，场面非常热闹，然而实际上是大桥接通后，两边的人冲上大桥发生冲突，打在了一起。摄制组拍下来后发现场面看起来很热闹，大家有热情，还喊着口号，最后也用到片子里去了。那也是我第一次以作曲家的身份体验生活，在工人们的实际生活中受到感染。

在这部电影纪录片的音乐中，让人印象最深的就是主题歌《巍巍钟山迎朝阳》和插曲《大桥工人想念毛主席》，其中主题歌《巍巍钟山迎朝阳》由姚关荣先生指挥，李光曦先生担任领唱，这首歌到现在我依然认为写得很有气势，乐队写得也很好，在南京长江大桥通车以后，很长一段时间只要是经过大桥就会播放这首歌。

整个纪录片制作完成后就通过了国家审核，在广州交易会上映，之后发行到 70 多个国家。但没有想到，几个月之后出了问题，有位军乐团的作曲家提出片中有一段音乐的曲调与苏联歌曲《列宁山》很相似，在当时的时代背景下，这是绝对不允许的。随后引发了一场风波，对文艺界，特别是音乐界产生了很大影响，在很长一段时间内，音乐创作停止了、沉寂了。因为音乐创作牵扯出那么多问题，是让我始料未及的，慢慢地，我对搞音乐创作也不再那么积极。

后来，应朋友之约，我还是接受过一些电影、电视音乐创作的委约，写过三四部纪录片、一部故事片、一部科教片《中国花鸟画》（北京科学教育电影制片厂拍摄），还有中央电视台拍的一部《战乌江》以及故事片《泥人常传奇》（北京电影制片厂拍摄）。慢慢地，其他的音乐创作也少了，歌曲创作也写得不多，我写的艺术歌曲可能比较流行的有那么几首，其中有《大庆啊，我愿把火红的青春献给你》（叶佩英演唱，出过唱片）、《牧野的早晨》等，后来还写过一部香港回归的作品（1997 年初），写过一部大型乐队的民族管弦乐作品《石油战鼓》（跟李西安和李真贵合作）。到 1978 年，我接手教授谭盾他们那个班的和声课以后，随着教学的深入，我给自己制定了和声研究计划，我的创作也逐渐慢下来。

2000 年前后，我编创了两本钢琴小曲。其实这两本钢琴曲的写作动因不是为了创作，而是为了和声研究。恰

北京少年宫音乐创作组部分成员聚会，傅庚辰（前排中）、金波（前排右二）（2000 年）

与朱践耳先生（前右二）参加民族音乐创作评审会（2003 年，台湾）

好人民音乐出版社得知我在写作《中国五声性调式和声的理论与方法》的同时也写了不少民歌钢琴小曲，他们觉得很有意思，希望能交由他们出版。于是我就有意识地挑选了56首民歌（每个民族一首）改编的钢琴小曲，这大概可以算作是我最后的作品了。这本《儿童钢琴小曲——中国各民族民歌56首》由人民音乐出版社于2000年出版之后，产生了不小的影响，从意义上说，这套乐曲的调式包含了我国所有民族的音体系，借此说明中国音乐可以与不同的和声方法相结合；从技法层面说，有意识地将过去较少运用的技法（如远近不同的复合和声、人工调式、不同的线性进行等）加以运用，既能与现成音调相结合，又能扩大和声语汇。黄虎威先生曾著文予以高度评价（发表于《人民音乐》2001年第8期），接着有四五位各地音乐院校的研究生以此为题写作了学位论文；随后，我应邀赴丹麦访问时，丹麦的欧登塞音乐学院为了加强两国间的文化交流，举行了一次别开生面的学术活动：要求不同年级的学生演奏《儿童钢琴小曲——中国各民族民歌56首》中的一首乐曲，同时邀请我对每一位的演奏发表评述、对乐曲进行讲解。这样的活动好像在国内并没举行过。

后来几年，因国家重点课题“中国传统多声部音乐研究”占用了我大部分时间，自然而然地就放掉了创作。在理论研究的过程中，我有一个体会，那就是搞作曲技术理论研究的人不能放弃作曲，要有作曲实践，这样研究出来的理论，才能够更多地与音乐实际情况相结合。从教师的角度，也能更好地启发学生如何走上作曲的道路。所以从这个学科来说，作曲技术理论与作曲两者是密不可分的。但是对我来说，从作曲回到了作曲技术理论角度，落脚点落在理论研究上，所以很多人称呼和描述我是什么人的时候，我只认同自己算是一个音乐理论家。我的那些作品算不上真正的、在作曲上有开拓性的作品，理论上确确实实搞过一点研究。结果就是这样，好像什么都搞一点，什么都没有搞好的情况。

对于我来说，这一辈子是做了不少工作，但也有很多遗憾，这就是人生吧！

“文化长城”的一名挑夫

编纂文艺集成[①]与保护非遗的工作是连在一起的，二者的工作范围和性质也有相同的地方，当然非遗保护有更宽的领域。

集成搞得比较早，开始的时间是改革开放以后，当时由文化部、国家民委、中国音协等部门联合向全国下发通知。我是后来参加的，大概是 1986 年的夏天，那天我刚从外地回来，接到中国音协打来的电话，要我到集成总编辑部开个会。总编辑部负责人是颇有经验的冯光钰和王民基两位老师。冯光钰当时是音协的书记，负责集成工作；

王民基是武汉音乐学院教授，搞传统音乐的，后来到了中国音协民族音乐委员会工作，他既是一个民族音乐理论家，又是一个优秀的书法家。他们二位不知道从哪儿听说那几年我在搞民间音乐研究，而且跑了很多地方，特别是少数民族地区跑得多，因此希望我能参加他们的工作，在他们的动员下我开始加入。交给我看的第一个卷本是民歌集成的广西卷，因为他们觉得我到广西去的比较多，对情况比较熟悉，所以给我看。我当时看过谱子对照录音后发现，问题虽没有听说的那么严重，但也确实不少，有的歌曲从第一句开始就记得不对，没法继续往下看。

由于发现不少谱子与录音完全对不上，我很恼火，就给他们发了一通牢骚。他们给我解释说，这应该是一个组织工作的问题。因为参与集成音乐记谱工作的同志，有各种各样的情况，而且多数人是没学过音乐的，怎么记谱是不知道的。虽然之前音协办过几批学习记谱的培训班，但是效果不是很好。于是，我当时提了两个建议：一是不要忙于出版谱子，是否可以先出音响？二是可把记谱工作承包给音乐学院，当时有九个音乐学院，一个学院负责一个地区，作曲系的老师和同学们完全可以胜任这个工作。

广西壮族马山三声部民歌演唱（2011 年）

基本的音乐记谱要准确，这样的话才有效，否则表面上看起来没有问题，实际一听都是问题。我说集成的文本可以在文字方面下功夫，包括它的历史甚至音乐分析都可以，但如果谱子记不好的话，那分析都也会是错的、假的，这样没用！他们听了我的意见，认为很好，但当时开始实行是来不及的！总编辑部已决定出版谱子，如果出版录音，问题可能更多：大多数地方有录音，但有的地方没有；有的录音质量好，但大多数的质量不行。他们还是把广西卷交给我，让我先改出个样子来。虽然觉得这个任务太重，我还是答应了。

答应以后，我回家边听边记边改，有的小改有的大改有的重记，这样过了一段时间，终于把大部分弄出来了。广西卷同时还分了单声部民歌与多声部民歌两册。因为他们的多声部民歌多，这个我更感兴趣，从中学习了很多东西，有不少是我之前不了解的。还有不少在过去的传统音乐课程中没有学过的知识，是在集成工作中补学的。

民歌集成的广西卷完成之后，他们觉得我的工作很有效，所以就接二连三地安排任务给我。我看过的卷本不少，整卷改过的还有宁夏卷、内蒙古卷。其中，内蒙古卷我花了很多工夫，不比广西卷的工夫少。因为内蒙古卷中的第一个栏目是被称为“潮尔道”的长调，它是古代流传下来的唯一一个蒙古族多声部民歌品种。听觉感受非常好，但是一对照记谱发现问题不少。于是我就帮忙修改，有些曲谱几乎全部重记。记谱中的主要问题有三个：一是散板的记法。原谱中凡是时值稍长的音，原记谱者都标记自由延

彝族歌舞

长的记号，使阅谱者无所适从。古代乐学中虽曾有“拍无定值”一说，但也不能忘记“散板不散”的辩证道理。如果听乐时仔细留意，就能在散板中感受到相对拍值在其中所起的支撑作用，把握好相对的拍值是记录散板的关键。二是“诺古拉”的记法。“诺古拉”是长调民歌演唱中普遍运用的修饰手法，形成技巧及分类繁多，学界对它们的认识也没有统一。但交给我的“潮尔道”记谱过于简略，许多只记出旋律骨干音，不仅影响到歌曲风格，有时也影响到调性的确定。我采用的办法是，对装饰性的但有明确音位的音都记录下来，因为不同“诺古拉”中所用的音是不完全一样的。三是转调的记法。也许是因为在已出版的蒙古族民歌曲集（尤其是短调民歌）中大多呈现为单一调性的缘故，原记谱者习惯使然，没有把“潮尔道”中的转调部分记录清楚。其实，“潮尔道”中的转调是很有规律的——在转调方向上，都转向下五度，或是下二度；在歌曲结构上，大多发生于引句尾与副歌开始时。当时记了10首“潮尔道”的谱子，现在通用的“潮尔道”的谱子大多数都是我记的或是我修改过的。此外，我还校订了内蒙古卷的全部长调歌曲记谱，以及有关音乐分析的文字。随着与总部接触时间的增多，他们交给我的工作也不断增加，从校订乐谱扩大到文本的全面编审，从民歌集成扩展至器乐曲集成与曲艺音乐集成。

几年下来，在总编辑部的安排下，我参加了各省区市民歌、曲艺、器乐曲集成大部分卷本的编审工作，估计有70余卷。集成工作确实占用了我非常多的时间，但同时，对我来说也确实是一种补课学习的过程。通过参与集成工作，我补了很多方面的知识，特别是器乐和曲艺的音乐部分，对此，我一直心存感激。

集成工作完成之后，社会各界对它的评价各有不同，我至今认为这是一项伟大的工作。尽管其中存在不少问题，也有组织不够合理之处，比如前面说到的记谱以及出版音响的建议，但我认为多数人还是肯定这项工作的，它为我们全国音乐资源的调查起到很大的作用。民歌普查工作做

第二届全国民歌大赛合影，右起：王亮、单秀荣、伍国栋、田青、樊祖荫、周巍峙、王昆、刘改鱼、乔建中、王祖皆、姜嘉锵（2004 年，山西左权）

《中国民族民间器乐曲集成·黑龙江卷》初审会，前排右起：杨士清、樊祖荫、王民基、袁静芳、刘嘉、田青、刘新之（1998 年，哈尔滨）

了很多次，在集成工作之前已经做过，比如中央音乐学院搞过湖南民歌调查，还有山西的河曲民歌调查等。因为已经进行过较多次的各种普遍性的调查工作，那么这次集成开展的全国范围的普查就起到了查缺补漏的作用；与此同时，集成工作还培养了大批文艺人才，为非遗保护工作的开展，准备了充足的干部条件。因此，尽管集成工作存在上述种种不足，但对于我国音乐文化建设来说，起到了很大的促进作用，所以，当年文化部（现为文化和旅游部）评价集成工程为“文化长城”还是有道理的。每一个省（区、市）出10卷文艺集成，其中音乐4卷，包括民间歌曲集成、戏曲音乐集成、曲艺音乐集成、民族民间器乐曲集成，事实上与音乐有关的还有其他两个（戏曲志集成、曲艺志集成）。所以说集成工作为之后进行的音乐资料调查等，做了一个非常好的基础性工作，至少是提供了这样一个资源的概况，能让大家心里有底、心中有数。

集成工作进行了三十年之后，我们算基本结束了这个工作。只能说是基本结束，因为到现在为止还没有完全结束，比如香港、澳门还没结束，澳门已经进展了一些工作，我参与的民歌卷完成了，其他卷本还在进行；香港各集成的工作进展较慢；台湾还没开始；西藏的民歌卷也没出版。所以总的说来，集成工作头绪繁多，遗留的问题也有不少。但是“后集成”工作已经“时不我待”地开展起来了。

“后集成”工作，从某种意义上来说已属于非遗阶段。在集成工作基本完成的情况下，我国加入了联合国教科文组织《保护非物质文化遗产公约》，也出台了一系列非遗保护政策，所以说，“后集成”工作，从国家层面说也就是投入非遗保护工程之中了。

由于我在前面阶段已介入音乐集成工作当中，所以成立非遗保护工作专家委员会的时候，就被指定为专家委员会的成员。我记得最早被指定的音乐组专家还有：中国艺术研究院音研所的田青、乔建中；中央音乐学院的田联韬；中国音协的冯光钰。非遗专家委员会成立初期，大家心气很高，做了不少工作。比如最早的国家级非遗项目评审、国家级非遗传承人评审，以及各地申报的非遗项目的评审

第 31 届国际传统音乐学会合影（1991 年，香港）

第三届中国满族音乐文化学术研讨会（2004 年）

我国少数民族音乐资源的保护与开发研究第一次工作会（2006 年）

工作，每年开一两次会，部里也比较关心。

在此期间，我参加了由文化部或相关部门组织的非遗保护工作，主要的有：

1. 全国非遗保护工作理论研讨会。我参加过两次，分别作了题为《对保护非物质文化遗产若干问题的思考》[②]《发挥“传”与“承”的两个积极性，促进音乐类非物质文化遗产的传承与保护》[③]的发言。

2. 非遗督导组。由非遗司直接组织，我参加了赴重庆

贵州童声侗歌队来中国音乐学院交流（1994 年）

督导考察组。在渝期间，我曾就川剧、嘉陵江号子及土家族“罗儿调”的保护、传承问题发表了意见。

3. 承担教育部哲学社会科学研究重大课题攻关项目“我国少数民族音乐资源的保护与开发研究”。我作为课题组的首席专家，组织了由各地专业人士参加的现状调查、教育传承、对策研究等的子课题组，在深入研究、探讨的基础上，经几年的共同努力，课题组完成了课题目标任务，并出版了专著《我国少数民族音乐资源的保护与开发研究》[④]。

4. 田野考察。我曾应邀参加了若干地方非遗保护的学术会议，会后，也常参加对当地非遗项目的考察活动。其中，令人印象深刻、至今难忘的，是一次对云南石屏县彝族海菜腔保护工作的考察。那次的领队人是一位女同志，名叫刘晓津，她是云南电视台的编辑，受云南民族文化传习馆创办人、作曲家田丰的感染和影响，自觉投入非遗保护工作。据她一路上给我们的介绍，她认识一位香港的投资者，愿意每年投入 30 万港元资助非遗保护事业。她用这笔钱主要做两件事：一是登记注册了自负盈亏的非遗保护社团——源生坊；二是联系周边有非遗代表性项目的村寨，承诺资助项目的教和学的费用，海菜腔即是她重点资助的项目之一。为了保证教学的正常进行，刘晓津与村里协商，先聘任两位国家级传承人为“海菜腔”学习班的教师，并将“海菜腔”的内容分解为若干个周期；再公开招收本村与周边村寨的男女学员进行教学，同时签订与教学挂钩的工资、补助合同（如一个周期为两个月，教师工资为600元，学员补助为300元，未完成任务者延期发放）。那天，我们去考察时，刚好是学习班的周期结业日，我们一行几人先当观众，看学员们的“海菜腔”汇报表演；后当嘉宾，与村委会、学习班领导一起向师生们发放工资或补助。随后，我们对师生、干部等进行了采访。其中一位名叫后宝云[⑤]的老师告诉我：“自从返乡工作以来，压力一直很大。主要是找不到好的学员，有的苗子很好，但来两天又不来了，我还得天天去喊他。现在好了，学员是自己报名考上来的，学习很用功，教起来不用那么费劲。今天你们听到了，两个月时间，已唱得有点味道了。”另有一位学员告诉我：“我是开班前才从昆明回村来的，原本也喜欢海菜腔，想跟师傅学，但我得先去打工挣钱养家。听说学习班有补助，我回来就可以两头都顾上。现在能跟师傅学，我可高兴了。我们还听说源生坊每年会组织优秀学员成立演出队赴国内外演出，所以，现在在外面打工的年轻人好多都想回村来呢！”我回京后，向非遗司和学校汇报了我在云南考察的情况，推荐源生坊演出队参加了当年北京传统音乐节的专场演出，并请他们介绍了对非遗传承、保护工作的经验和体会。我认为，源生坊的工作，提供了

学术活动合影，右起：扎木苏、金铁霖、杨静茂、樊祖荫、张雪、韩立萍、张天彤

由个人、集体参与非遗传承、保护工作的新鲜经验，是对整个非遗保护工作方式的一种重要补充，值得总结与推广。

近几年，非遗专家委员会没有开展什么活动，渐渐地，“专家委员会”也不再被谈起。但是必要的工作还在继续。后来的工作，主要是国家图书馆记忆中心以个人的、所谓

“非遗专家”的名义邀请我们几个人，每年进行非遗传承人记录工作的评审。

在这里，我与大家分享五个马学文和欧阳平方在采访中提到的问题，也是我自己的一点认识和体会。

您怎么看待音乐集成记谱与不同音律之间的关系？

音律问题跟集成有关，也不一定都有关。因为我们国家的地域广大、民族众多，民族音乐文化的呈现各不一样，音律有的一样、有的不一样，不同的民族，特别是与汉族关系比较远的民族，他们使用的音律与汉族的音律不太一样，即使同为汉族，不同地区相互之间的音律也不一定都相同。那么碰到集成收集的时候怎么办？也是只有一个框架性的说法，没有具体的规定，要靠耳朵，所以这个灵活性就比较大。听出来了有高有低，那么做一些记号。但是这种记号除了有规定的之外，譬如说往上的箭头，或者是以朝向线条这种形式表示高多少、低多少记录之外，没有更统一的方法去标识音律的不同，这个问题是存在的。因为在不了解音律的情况之下，这个记谱是很难的，而且不同的听众对它的接受度也不一样。举个例子，我曾经请四川羌族的民间艺人参加西部民歌大赛，后来又参加中央电

在中国少数民族音乐学会第十二届年会期间与徐寒梅（左一）、姚艺君（左三）、张天彤（左四）合影（2010 年）

视台的青年歌手大奖赛。他们唱的是《酒歌》二重唱，第一次听完以后，有老师向我提出他们的音唱得太不准了。我解释说不是不准而是他们的习惯如此，这可能是由不同音律产生的效果，并建议他再听听第二场，看有什么感受？后来这位老师接受了我的建议，也发表了他的看法，认为不同民族的音律是不完全一样的，不能用同一个标尺去衡量。正是这个意思，所以要重视我们国家存在的不同民族所依据的不同音律。音律学上的问题，值得我们音乐工作者去重视。

您如何理解音视频记录在音乐集成工作中的价值作用？

采用音视频进行记录，当然好。但 20 世纪 70 年代末 80 年代初，在我们搞集成的时候，录音才刚开始，音

刘改鱼、樊祖荫、伍国栋、田青、姜嘉锵、单秀荣、冯志莲、王祖皆、李松等演唱左权民歌

视频技术还不普遍。记得我去做民歌收集的时候，还曾连夜排队去买了台索尼录音机，一个小方盒子磁带的那种，那个时候的录音器材很少，公家也借不出来。记得那些年去香港开会，每次都有人要购置录音设备，所以当时运用音视频是比较困难的。那时我们也曾向集成总编辑部提出建议，既然有录音，能否考虑先把录音予以制作出版，因为录音是依据，如果先出版曲谱，录音对不上，后续可能产生问题。当时吕骥先生他们考虑出版录音困难比较大，问题比较多，比如经费的问题、录音质量的问题。当时集成的工作人员并不是从专业的角度去录制音响，录音中有很多杂音，而且当时全国也没有统一的标准，因此问题不少。所以最终还是先出版曲谱。现在看来，这在当时的条件下，或许是一种没有办法的办法吧！先出版曲谱，尽管不理想，存在有一些录音和记谱对不上的现象，但还是可以作参考。

您如何看待对现有音乐集成资料进行转化与保存的问题？

这个工作事实上一直在持续地进行，像以原文化部民族民间文艺发展中心李松主任为代表的一批人在集成工作的过程中就开始重视这个问题。集成编完之后，就进入了所谓的“后集成时代”，他们就把各地能收集的音响都收集起来，做数字化工作，到现在为止大概已经数字化转存了 4 万多首民歌音响，他们把能够收集到的音响都做了数字化。我刚刚谈到有些地方交上来的音响确实不能听，这不单单是保护工作的问题，而是它本身原生的声音就不好，其中有一些可以通过数字化转化的方式解决。在这个基础上，我曾经给李松老师建议过，在数字化的基础上再进一步把谱子矫正过来，然后再重新出一套新版集成的话就理想了。据我所知，这个工作现在已有不少单位开始在做，如文旅部民族民间文艺发展中心、中国唱片总公司等。除此之外，还有中国音乐学院、中央音乐学院也在以音响库的方式做这些工作。不过，这些工作大多是各单位以各自为政的方式在进行着，现在，亟需统一的组织和协调。

您如何看待对音乐集成资料继续收集的问题？

从社会现象来看，这方面工作已经做了很多了。当然不是统一组织的，比如侗族大歌，他们搞了一个平台，利用民间渠道，自己做主播，利用互联网流传、推广，做了很多工作。不仅是侗族，很多民族都在做，形成了比较繁荣的一个社会现象。但是从集成的角度来讲，国家还是应该做这个工作，能够从全国范围内有意识地、比较完整地把它组织起来。关于这方面我一直在想，我们是否也应该

主持第二届北京传统音乐节少数民族专场演出（2010 年）

学习巴托克对匈牙利民歌的搜集办法？因为民歌主要由曲调与歌词两个部分构成。其中，歌词是天天都在变，但音乐部分大多数是不变的。匈牙利采取的办法是，收集记录一个典型的民歌曲调，把音响、乐谱都记录下来，接着每年又继续对同一地方去调查，看看这个民歌流传范围有没有变化，传唱人有没有变化，以及实际地从音乐到它的艺术本体上又有什么变化，而且每年都做出一个档案，一首民歌一个档案，用这样的办法来积累予以比较，就能看出它的发展变化。我们国家目前还没有做这个事，当然冯光钰提出的同宗民歌理论，事实上也是积累、比较同一种民歌曲调变化的记录，但它不一定是同一个地方，而是不同地方都有的一种记录，从不同的角度来做这个事情，所以，我认为这方面我们还有许多事情可做。

您如何看待对非遗音乐资源的使用问题？

非物质文化遗产既是我国重要的文化遗产，又是宝贵的文化资源，传承、保护、转化、利用好文化遗产，使之成为活的文化资源，是我们的历史使命。我们可以从不同的角度，考虑对非遗文化资源的利用，例如从文化的角度、从经济的角度、从学术的角度，等等。而从这些年的实践来看，有一种倾向性的现象特别值得我们关注，那就是将非遗展示与旅游结合起来，提倡文化旅游，这是世界各国的普遍做法。但展示什么、宣传什么，还是需要文化主管部门慎重考虑的。前些年，我曾几次去贵州，有时也到旅游景点去走走，但每次听到的侗族大歌都只有短小的《蝉歌》一种，其他诸如《祖公上河》《迁徙歌》等更富音乐多样性和文化意义的曲目，却从来不上歌单。我曾问过一些歌手，他们要么说“队里没安排”，要么说“我们也不会唱”。我猜测，旅游管理部门之所以作出这种安排，或许是出于减少培训等管理成本，又或许是顾虑游客的接受程度，所以，尽量挑选有卖点的、纯娱乐性的曲目上演。这种现象，不禁让我联想起几年前赴韩国访问时的一次类似经历：那天，韩国接待部门安排我们观看非遗表演，节目是萨满。当时我心里就有了疑问：“这样的节目能为游客所接受吗？”我们到了演出场地一看，游客络绎不绝，舞台一侧有许多商店在售卖节目单、录音带、“萨满”等角色的道具和服装，不少游客已经购买了不少。陪同的接待人员向我们介绍，这些售卖的商品，不仅经济效益高，而且更有助于游客加深对节目的理解。我想，这就是文化旅游的意义吧！两相比较，我认为这方面我们确实存在着进一步提高利用非遗资源的广阔空间。

注释：

①文艺集成是指起始于20世纪80年代的国家社科规划和全国艺术科学规划重大工程——十部“中国民族民间文艺集成志书”，包括《中国民间歌曲集成》《中国戏曲音乐集成》《中国民族民间器乐曲集成》《中国曲艺音乐集成》《中国民族民间舞蹈集成》《中国戏曲志》《中国民间故事集成》《中国歌谣集成》《中国谚语集成》《中国曲艺志》。

②樊祖荫：《对保护非物质文化遗产若干问题的思考》，《音乐研究》2006年第1期。

③樊祖荫：《发挥“传”与“承”的两个积极性，促进音乐类非物质文化遗产的传承与保护》，《音乐探索》2011年第3期。

④樊祖荫等：《我国少数民族音乐资源的保护与开发研究》，经济科学出版社2015年版。

⑤后宝云，男，彝族，1942年生，云南石屏龙朋人，是第二批国家级非物质文化遗产项目彝族海菜腔代表性传承人。他14岁开始拜师学艺，至今80岁仍活跃在表演一线，从业60余年，唱海菜腔已成为他人生中必不可少的一件事。20世纪八九十年代，后宝云曾受聘于云南民族文化传习馆，该馆解散后返乡工作。

我与《中国音乐》

1991 年 7 月，在我担任中国音乐学院主持工作的副院长时，就开始兼任《中国音乐》主编。1996 年卸任院长后，继任的院领导班子特聘我为《中国音乐》专职主编，这样我就留在了编辑部，直到我 2011 年退休。所以说，在中国音乐学院的几十年间，我与《中国音乐》结下了非常“亲密”的关系。

1981 年，《中国音乐》杂志刚创办时，我还在创作研究部工作，李凌院长（兼主编）就嘱咐过我，“我把薛良请来办这个杂志，他对办刊物很在行，但对学校不熟悉，

工作照（1992 年）

你们要多关心、多支持他。《中国音乐》除了发文章之外，也要发表音乐作品，你有好的稿子都可以给他。”那时，《中国音乐》归创作研究部管理，编辑部另有一间办公室，我们相邻办公，朝夕相处，很快就熟络起来。薛良从第一期开始就向我约稿，我记得整理了一首为鲁迅诗作谱曲的男中音独唱歌曲《无题》给他，他很快就采用了。那时候，我音乐研究的趣向已转到多声部民歌，我感觉他似乎对这方面也感兴趣，因为我给他的几篇稿件他都认真审阅，偶尔碰面还能主动地交谈几句稿件的内容。其时，我并不知道他是我国最早发现、研究侗族大歌的专家，直到在随后的一次交谈中，我才明了他的背景和经历。当时，我请他审阅刚完成的文章《中国多声部民歌的发现与分布》，他直白地告诉我："你的文章里有一个时间节点不对。第一届全国民间文艺会演不在1952年，而是在1953年。1952年我们在黔东南发现了侗族大歌，1953年我就带队到北京参加会演，并写了一篇《侗家民间音乐的简单介绍》，发表在1953年12月号的《人民音乐》上。"这时，我才恍然大悟，原来，站在我面前的薛良先生就是写作侗族音乐介绍的那个"薛良"！虽然只是一篇"介绍"，但不能低估它的价值，正是它引用、分析了"嘎老"的合唱谱例，指出侗族大歌具有多声性质，从而成为我国音乐界人士明确提出我国的民族民间音乐中存在多声部民歌事实的第一篇文章。

过去我对薛良的名字不熟，只知道他在抗战时期协助李凌先生办《新音乐》杂志，是一位资深编辑。在交谈中，

与乔建中（左四）、王祖皆（左五）、张刚（左七）和民间歌手们（2004 年，山西左权）

我才了解到，1949 年后他回到了贵州担任了群众艺术馆馆长，并与萧家驹等人一起参加土改，发现、收集整理、编辑出版了《侗族大歌》一书。怪不得他对我写的多声部民歌研究文章感兴趣，而且对侗族大歌那么熟悉。自此之后，我与他的交往更为密切，内心对他也更为尊崇。那时，他正在筹组作者队伍，我给他推荐了我认为合适的人员，如陈应时、席强等。薛良是位敬业、能干之人，有着丰富的办刊经验。他既了解读者的需求，还结交了许多作者朋友，使刊物的稿源充足，在他的苦心经营之下，《中国音乐》在短短的几年之内，很快成为具有自身特色且深受国内外广大读者喜爱的音乐理论刊物，不久就被入选首批全国音乐理论核心期刊。

1991年夏天，学校领导班子调整后，我虽接任了《中国音乐》的主编，但编辑部的组织结构并未变化；薛良与我个人的关系也没有改变，我依然以作者的态度与他打交道，从不以主编身份干预他的工作。我们之间非常融洽的关系一直保持着，直到在刊登那篇点名批评江明惇的文章[①]之后。事情的起因是这样的：

1992年冬，我和江明惇同被邀请，为福建师范大学音乐学院进行教学评估，江明惇当时是上海音乐学院的院长兼学报主编，我俩以双主席名义作完教学评估后各自返回学校。那晚，我刚进家门，就接到王耀华教授的电话，他焦急地问道："你看到这一期的《中国音乐》了吗？上面怎么有批评江院长的文章呢？你在福建的时候也没跟我说起这个事儿啊，为什么连招呼都不打一个？"我一听电话就懵了，赶忙说"我还没看到这一期的《中国音乐》，待我了解情况后再告诉你"。我连夜找到薛良先生，问清了这一期的发稿情况，详细询问了刘国杰这篇稿子的来源、介绍人等，并要来这期的样刊，仔细阅读。第二天，又邀约了编辑部部分同人，进一步摸清相关情况。

经过两天的调查与分析，事情很快就搞清楚了。文章的内容仅涉及对一本著作学术不端的批评，但一联系到被批评对象的单位、职务及其单位的内部矛盾，再牵扯兄弟院校之间、不同学报编辑部之间等的相互关系，情况就变得相当复杂。面对这一突发事件，我认为再多的解释也无济于事。为尽快停息风波，我做了两件事：其一，我先给江明惇院长打电话，说明事发时，我不在北京，对此事不知情，但作为《中国音乐》的主编，我负主要责任。为此事有可能给他带来的伤害表示抱歉！同时，我请他再仔细阅读那篇批评文章，其中如有不实之词，尽可提出来反驳，甚或采取法律措施。我协调编辑部预留足够的版面，随时恭候他的文章。其二，我与薛良先生做了一次长时间的交谈。一方面，充分肯定他对《中国音乐》所作出的巨大贡献，感谢他多年来对我的照顾与帮助；另一方面，请他思考，通过这一事件，如何进一步修正办刊思路，把《中国音乐》办得更好。临走前，我又说了句："您看稿很辛苦，以后我也来帮您看一部分吧！”他笑了笑，答应了。

我本来盼着这一事件能平静地过去，但事情的发展远比我想象的要复杂得多。上海音乐学院内部一些原本就对江先生有意见的老师，借此机会掀起了一股“倒江”的潮流。上音党委或许出于同情江院长的处境，或许认为这与《中国音乐》发表的文章有关，于是，一通电话把我告到文化部，说我“破坏团结”。幸好当时接电话的是一位对我有了解的领导同志。后来这位领导告诉我，他接到电话时，给对方作了比较充分的解释：“我们知道樊院长不是这样的人，你们放心，他也是你们那儿出来的，不会做这个事儿，中间有什么误会我们一定协调解决。”上海音乐学院对这个事件的处理拖了好几年，一直到1996年，新任的党委书记打电话告诉我，说没事了，他们内部也统一了认识。这件事才算画上个句号。

这是我兼任《中国音乐》主编期间发生的事。这个过程中，我得到的最深刻的教训，就是既兼了任，就得做实事；既挂了名，就得负责任。这个责任不仅仅是个人的，有可能会延伸至社会、政治等层面，影响所及，往往不是个人所能控制的，因而决不能掉以轻心。此后的十余年里，我一直担任《中国音乐》的主编职务，与之前不同的是，不论是兼任还是专任，我都要求自己绝不能扮演“挂名”的角色。在具体的工作中，我是这样安排的：

第一种，作为专职主编，我直接参与刊物编辑与出版的全过程。

因为有过之前的“教训”，所以我很认真地做这个专职主编。我与其他编辑一样，参与约稿、组稿、审稿、改稿，有时还会到出版社参观学习图书出版的全过程。这样做主编虽然很累，但总体效果还不错。刊物加强了栏目建设，有时一年中还能出好几期专刊（如《中国音乐建设50年》《中国音乐教育》等），刊物的整体面貌发生了变化，受到学界同人的好评。但这种做法，无形中加大了编辑部同事们的压力和负担，一位副主编还因此提出了退休申请。为了保持大家的积极性，我走访了好几家音乐刊物，吸取他们的办刊经验，改进我们的制度。这种工作方式大概持续了五六年，后因学校对我另有任用而采用第二种，即兼任方式。

当时的学校党委为加强作曲系的建设，决定让我兼任作曲系系主任。尽管我对作曲系是人地两熟，但也深知其中的矛盾积累已久，解决起来绝非易事。但我想，只要干部出于公心，与人为善，问题总还是可以解决的。至于编辑部的工作，我除了参与终审工作，其他都交给副主编。好在在校党委的领导下，在作曲系师生的支持下，作曲系的工作还算顺利，一些显性的矛盾，譬如某些老师的职称问题、老教授们的教学安排问题等，大多获得解决，老师们对系里的工作表示满意。我懂得“见好就收”的道理，同时也惦记着编辑部的同人们，于是向党委提交回编辑部工作的报告，并获得批准。这样，我又回到了编辑部，继续做《中国音乐》主编。

不久，当时的副主编管建华先生要调往南京师大工作，编辑部人手吃紧，我紧急请调云南艺术学院学报的赵志扬副主编来充任。在那之前，我并不认识赵志扬，只是因为要物色一位合格的副主编，才在全国各地的音乐刊物里寻找合适的人选。而他刚好符合我的选人要求：一是他的专业是音乐（音乐学、教育学、声乐等），且对美术、体育等学科有涉猎，学术视野开阔；二是他有五年以上的办刊经历，也有相应的职称职务；三是从历年《云南艺术学院学报》的出刊情况可以看出，经他手处理过的稿件，从内容、形式、文字组织到排版，都认真、仔细。我对他印象极佳，当以我喜悦之情将这一情况告诉管建华时，他只说：“赵志扬是我的好朋友，能把他调来，当然好。但恐怕很难，他有家、有老婆、有孩子！”我就说：“那就做长远打算吧！”随后，我给校党委打了请调报告，有关赵志扬的户口、政审等问题都写在上面，求助上级部门。经过学校整整三年的努力，北京市终于批准了我们的请求。如此，《中国音乐》的日常工作在赵志扬的主持下顺利展开；同时，我考虑到，我任《中国音乐》专职主编，是特殊情况下的工作安排，任职年头已经够长。当时，新院长已经到任，是该我将主编的职责主动交还学校的时候了。于是，经党委通过，任命赵塔里木院长兼任《中国音乐》主编。至此，《中国音乐》进入了一个新的阶段。

下面我来说说国内几个音乐类学术期刊的刊物特点，以及我个人与这些刊物的关系？

先说说《中国音乐》。《中国音乐》以研究、弘扬中国音乐为已任，重点栏目有“中国传统音乐研究”与“中国音乐教育”。因此，在我任《中国音乐》主编的那几年

与朱践耳先生（1995年，台湾）

与老同学陈燮阳（1995年，台湾）

一直比较关注这个问题。作为刊物主编，我自己的文章尽量控制在《中国音乐》刊发的数量，而发到其他刊物，如《音乐研究》《人民音乐》等。但现实情况要求我平衡处理这些关系：因为我是主编，如果自己发文章比例太重的话，会有人有看法；可是如果自己在《中国音乐》发的太少了，又会显得看不起自己负责的刊物。

国内的几个音乐学术期刊面向的读者都不太相同。其中，《音乐研究》是一个音乐学术研究方面的权威性刊物，在我的认识当中，《音乐研究》是我们音乐学术刊物当中的核心，所以我的比较重要的一些文章，都还是发表在《音乐研究》，当然这与他们编辑部约稿较勤也有关系。《中国音乐学》也是一本权威性的学术刊物，它更多涉及中国传统音乐与音乐史学。《人民音乐》是另一种刊物性质，它是一个以评论为主的刊物。在这种架构下，它所刊登的文章虽然也强调学术性，但更突出的是评论和宣传方面的要求。其他如《中央音乐学院学报》《音乐艺术》《黄钟》等刊物都具有学报性质，学报的专业性比较强，与各个学校的办学特点紧密结合，在刊物上也会有比较直观的反映。《中央音乐学院学报》《音乐艺术》在音乐史学、音乐美学、音乐分析学、中外音乐交流等栏目办得很有特色；《黄钟》过去一贯重视作曲技术理论方面的研究动向，发表了许多学术成果，现在对长江音乐文化的研究方兴未艾。另外《星海音乐学院学报》《音乐探索》《交响》《音乐文化研究》等兄弟院校的学报，也都在以其鲜明的特色和学术品格将学术成果奉献给大家。因为每一个学校、每一个刊物都需要形成自己的特色，在一个特定任务框架下构成的文章栏目特点对一个刊物来说是比较重要的。我与各个刊物的关

与王次炤先生（1995 年，台湾）

音乐刊物编辑研讨会合影，自左至右：张振涛夫妇、杨民康、张欢、樊祖荫、杨燕迪、陈荃有、宋莉莉、田可文（2006 年，新疆）

系一直很好，是他们忠实的读者与作者；到现在为止所有刊物基本上都会每期寄送给我，供我学习，很感谢他们。

曾有人问我："您在做《中国音乐》主编的时候，对于稿件的遴选方面有一些怎样的标准或要求？或者说什么样的稿件，可能会更加受到期刊的欢迎？”

我认为，首先，从稿件内容来看，一定要符合刊物的内容与栏目要求。刊物的每一期都会有一个中心任务、一个编辑计划。稿件与当期的任务、计划相吻合，就会优先选用。其次，与作者有关系。各个刊物都比较重视名家之作，虽然名家的文章不一定篇篇都可采用，但在多数情况之下，名家的稿件会受到编辑部特别的重视，而真正的个人投稿被选中的数量相对较少。但从整体来看，我认为《中国音乐》在这方面一直是做得比较好的。

刚创刊时，与中国传统音乐有关的稿件，主要来源有两个：一个是音乐史学，作者大多是音乐史学专家；另一个是民族民间音乐，投稿者除了乐种专家之外，更多的是对各地乐种有研究兴趣的年轻人。薛良先生特别重视年轻人的稿件，只要他认为写得有道理，他就会留下稿件认真修改，并予以发表，不少首次投稿者的稿件就是经他之手发表的。不仅对民族民间音乐的稿子做如此处理，即使对艰深的琴律、敦煌琵琶谱研究等稿件，只要他认为有创意、有新意，对研究课题有推动作用，他就会约谈作者，商量使文章更完善的修改方案，并尽快予以发表。陈应时早期的许多研究成果就是这样被推上学术舞台的。我一直觉得，薛良先生对《中国音乐》的贡献是多方面的，而其中最主要的贡献是他无私地培养了众多的音乐人才。这是值得我们每一位当音乐编辑的人所应深思而要认真学习的！

从总体说来，我还是坚持与肯定《中国音乐》这个刊物，应该说刊物现在的这个道路和方针，符合中国音乐学院学报的要求。作为一个理论建设、舆论宣传的阵地，我觉得《中国音乐》承担了自己所应该承担的责任和义务。

注释：

①刘国杰：《一本谬误百出放胆抄袭的教材——评〈中国民族音乐欣赏〉》，《中国音乐》1992 年第 4 期。

百年树人　任重道远

这一部分我想谈谈音乐教育方面的问题，特别是我对中国音乐教育的现状，包括教学实践、学术研究的一些看法。主要围绕以下几个方面：第一，学校的专业音乐教育和民间音乐传承。第二，我曾针对中国音乐教育所提出的一些主张的阐述，如中华文化母语音乐教育；树立双语意识，建构双语教学。第三，谈一谈中国音乐学院学校的办学背景、办学方向，以及我任院长时，在教学实践上的想法和措施。

中国音乐教育百年来所走的路子，在我看来受西化的影响还是很大的，这从专业音乐院校的建立直到后来的发展，其轨迹和过程很清楚。我们老一辈的音乐家从欧洲等地留学回来，带回来的主要是欧洲的音乐教育体系，如德国、法国以及之后美国的教育体系。百年来的历程，有人认为是我们主动地接受了西方的思想，也有人认为这是在殖民影响下的产物。这种不同观点的争论，在很大范围内一直存在。我认为，不能说是中国人主动接受西方教育思想，而是被动接受，这其实是文化殖民下的一个产物。反映在音乐学院的建立过程当中，就是照搬了欧洲国家的教育制度，学校的专业设置仿照欧洲体系，特别是德国的音乐学院的系统来建立的。

从建立上海国立音专所设置的专业和制定的整体办学方向来看，虽不能说完全照搬，但基本上是沿用了欧洲的教育体系和专业课程的设置。在当时的氛围下，什么叫专业学习呢？就是指学习欧洲的音乐，并不是学习中国音乐。当然，在这个建设过程当中，有些创办者建议设置中国音乐专业的部分。比如上海国立音专就设置了中国器乐的部分专业，聘请一些器乐专家进入学校。但整个方向是欧洲

中国音乐学院作曲系教师聚会（2004 年，北京）

的，也可以说，整个教育制度是欧洲化的。

2001 年，在香港中文大学召开过一次有关音乐教育的会议，我在会上所作的发言可以代表我的想法：从历史的、客观的角度来看，这种欧化的专业音乐教育体系尽管对于中国音乐的发展来说有冲击，但同时，它也具有极大的推动作用。如果没有专业音乐教育的开辟，中国音乐不会发展到现在这种程度。这种认识既是对中国音乐发展前途问题的考虑，也是参与的人在这个过程当中慢慢体悟到的，包括我们在内，都是完完全全地接受了这种专业音乐教育的。诚然，在这个过程当中，也使得我们对这种专业音乐教育本身产生怀疑，究竟是完全对的，还是应该有所改进，是否要按照中国音乐发展的要求来创办中国的专业音乐教育。其实这种思想在各个阶段都一直存在，特别是

参加中国音乐教育代表团访问苏联（1987 年）

延安“鲁艺”建立之后，提出了比较鲜明的另外一套办学的方针、路线，对全国的音乐教育是有深刻影响的。

20 世纪 50 年代之后，我们国家对包括专业音乐教育在内的教育体制，进行了某些程度的改革，从完全地向欧美学习转到了向苏联学习。就其音乐教育制度来说，在我看来苏联的教育跟欧洲体系的教育差别不大。所以，我们在新中国成立之后所推行的向苏联学习的音乐教育体系，事实上是欧洲音乐体系的延续。我们曾经开过几次学术会议讨论国乐的前途以及国乐的教育等问题，大家都不约而同地对中国音乐教育的现状提出了问题。后来在广东开过一次国民音乐教育会议，在这个会议上我们提出了“母语音乐教育”的问题。

事实上，这些问题大多是之前提法的延续，不过是运用一个名称名正言顺地提出来中国音乐教育改革的方向，当时会前参与内部讨论的有我和管建华、李丹娜、冯光钰等人，大家还就会议发言的内容做了分工。我当时主要谈的是“母语音乐教育”在高等音乐院校当中的实施问题。所谓“母语音乐教育”，实际上是“中国传统音乐教育”的同义语，这里借助语言学提出“母语教育”，不仅具有内容方面的指向，还同时包括了语汇、语法等方面的要求。我们主张高等音乐教育当中，既要学习欧洲音乐，又要旗帜鲜明地提出以中国传统音乐为主要的学习方向。我们追求的目标是教学中欧洲音乐与中国音乐能够平衡，并不追求完完全全地恢复只学中国传统音乐。我们内部设计的课程是中西合璧，既学习从欧洲音乐体系中的知识，又学习中国传统的音乐，同时把重点放在对中国音乐的研究与教学上。这样，又相应地提出了双语意识与双语教学的问题。

谈到中国音乐的研究与教学，这与周恩来总理 1963 年提出的革命化、民族化、群众化要求直接有关。1963 年，周恩来总理指出当时的专业音乐教育，脱离了中国音乐的实际，明确提出要进行改革。当时提出的思路是按中、西两个路子分开办学，到后面可以把二者给合起来。用这个思路，创办“中国”“中央”两套音乐教育制度和音乐团体，中国音乐学院就是在这个时候的产物。中国音乐学院于 1964 年成立之后，安波、马可就是依据总理的指示精神提出了建立中国音乐教育体系的构想。我们中的许多人也是在此期间加入这个队伍当中来的。当然，中国音乐学院成立到现在，没有一贯地将教学改革坚持下来，由于

中国函授音乐学院老师们聚会合影，右起：李丹娜、耿生廉、樊祖荫、徐士家、黄飞立、李凌、屠冶九、黄晓和、赵沨、李重光、关鹤童、孙慎等（1990 年）

缺乏从上到下非常明确的具体措施，所以中国音乐学院从1964 年建立至今并没有达到周恩来总理当时提出的目标。

到现在为止，中国音乐学院究竟应该坚持什么样的办学方针？许多人依然不够清晰。尽管在很多届领导班子内部有过长期的、尖锐的争论，但是问题始终没有解决。因此，我想与其无休止的争论，不如静下心来为中国音乐做点实事。要想真正能够改变我们的音乐教育制度，首先还得加

与明立国（左一）、许常惠（右一）（1996 年，台湾）

强对中国传统音乐的研究。中国音乐究竟是个什么样子，我们心里要有数，然后才有可能对中国传统音乐进行规律性的研究，总结出中国音乐的理论体系来。只有建立了自己的理论体系，也才能建立自己的教育体系。因此，认识并把握中国音乐的规律和特色，是思考和讨论中国音乐发展问题的前提。

鉴于此，我曾在不同场合，阐述过我的观点和主张。2010 年 10 月，在南京艺术学院举行的中国传统音乐学会第十六届年会上，我作了《对中国传统音乐做整体性研究

与李元华参加第六届国民音乐教育大会（1995年，广东番禺）

的思考》[1]的发言，认为历代和当代的音乐家们已经为厘清和总结中国传统音乐的规律做了大量的工作，并取得了丰硕的学术成果；尤其是近三十年来，其研究领域几乎已覆盖了中国传统音乐的方方面面，因此可以说，现在已有条件为构建中国音乐的理论体系而对中国传统音乐作系统性、整体性的研究了。为此，我提出了总体构想、研究的规划与计划以及组织分工等方面的建议。这个发言引起了与会者的兴趣，得到了领导部门的重视，国家社科领导小组决定在十年中每年安排两个对传统音乐进行体系性研究

樊祖荫夫妇与田联韬夫妇、耿生廉在中国音乐学院（2003 年）

的国家课题指标，并列入课题指南。此项阶段性的科研规划，在有关部门和各地学者的共同努力下，于 2022 年得以完成。

有关中国音乐教育体系的问题，前面已经谈了不少。这里仅对中国音乐学院的教育、教学问题提一点建议。我认为中国音乐学院本身一定要有明确的目标和想法。中国音乐究竟如何发展？在中国音乐的建设中，中国音乐学院无疑的依然具有领头羊的作用，而不能仅仅是作为中国的一个音乐学院来考虑。因此，在培养目标、专业与课程设置、教材建设、教学研究等方面，都应该在这种总体思维指导下去构想，深挖哪些问题是值得我们要脚踏实地一步一步去做的。比如教材建设的问题，前面谈了中国音乐理论体系的构想，如何在教材建设中予以贯彻？再譬如，课程设置问题，我们可以认真检查一下，现在，在我们学校，与中国传统音乐、中国音乐内容有关的课程，还留下哪些？我们要传授给学生的是一种怎么样的知识？学生毕业之后，要承担什么样的社会责任来传承和发展中国音乐？

教育部门已批准中国音乐学院对“高水平研究型大学”的申报，这是一件大喜事！这个问题也是我一直在思考的，因为一所高校不管是教学型、研究型，还是教学研究型或是研究教学型，不同类别的定位，都有不同的任务。任务的确定，是要根据学校从历史到现在的各种可能性来决定的。我个人确实重视研究，为什么呢？因为我认为中国音乐特别需要有人去研究而目前投入的力量远远不够，所以中国音乐学院把研究作为非常重要的任务、放在显著的地位，我十分赞成。但是，学校的现有条件与研究型大学的要求还有着不小的差距，因此，我以为学校应该抓住这个难得的机遇，全力以赴，动员全院的力量，制定目标、制定规划，切实创造条件为建设研究型大学而不懈奋斗！

我们的科研目标不仅仅在于多争取一些国家项目，这不是实质性的。我的意见是，还是要抓住核心，搞体系研究，要对中国音乐进行体系性的研究。中国音乐学院多年来在这方面是取得了巨大成绩的，前不久，中国艺术研究院公布了“杨荫浏音乐学术提名”，这一次，中国音乐学院有幸同时获得两项提名，即李西安、赵冬梅的《中国曲式学》和樊祖荫的《中国传统多声部音乐研究——多声部民歌》。我认为我们学校有潜力可以组织起来做更多的学术研究工作，以与“高水平研究型大学”的目标相称。

从学校教育的另一端——课堂教育来说，还是要完整地加强中国传统音乐教育。从以往的教学经验来看，这种感性的教育太重要了。感性的接受，是学习中国音乐的基础，是作为中国音乐学院的学生所不可缺少的。出于同样的目的，我曾经在教学规划中提出过必读书目和曲目的设

少数民族音乐传承教学成果汇报音乐会

想，就是不论什么专业，作为中国音乐学院的学生，每个人都能够将必读曲目记得滚瓜烂熟，对涉及的主要理论著作要做到心中有数。而现在，很多学生对相关的文献知之甚少。只有基础打得牢靠，才能作出高水平的研究，也才能不枉“高水平研究型大学”这个名称。这里所提出的要求，主要是针对全院本科生的，而对于攻读硕士、博士学位的研究生们来说，则更要以“高水平研究型大学”研究生的标准来要求自己。至于学位论文的课题选择，我曾于

80 岁生日聚会合影（2020 年）

2015年在沈阳音乐学院举行的中国传统音乐学会第二十届年会上做过一次专题性发言，发言中，我提道：论文的选题，主要应依据学科发展的需要，要与中国的音乐实际相结合。从传统音乐研究的角度来看，最重要的就是体系性的“条”“块”研究。

所谓“条”，是指按学科分类进行研究，即将整个中国传统音乐按照乐学、律学等学科及其分支学科进行分门别类的研究。

所谓“块”，是指对各区域、各民族的传统音乐进行研究。其中，对乐种的研究，是区域音乐研究中最重要和最基本的任务。只有把各个乐种研究清楚了，才能获得更为翔实和有说服力的材料，抽象和归纳出各区域的音乐特征、风格色彩和一般规律，以为音乐文化区域的划分提供依据，进而为分类的学科研究提供充实的例证。

“条”“块”之间的关系，既有先后，又有交叉。一般说来，分类的学科研究以区域音乐研究为基础，而区域音乐研究则要以综合的学科研究为支撑。

对硕士研究生来说，选题可以乐种研究为主；对博士研究生来说，既可选择较大乐种或选择区域音乐的综合研究，也要从学科的体系性研究方面来考虑。我想，如此庞大的博士生队伍，加上指导他们的导师，如能集中精力对中国传统音乐各学科进行分门别类的体系性研究，那么，中国音乐理论体系的建立定将会大大加快其步伐！

注释：

①樊祖荫：《对中国传统音乐做整体性研究的思考》，《音乐艺术》2011年第1期。

采访补记（一）

樊先生是我的恩师。有幸跟随先生学习，受先生教诲，得以有机会近距离体察先生的思想和学术。在音乐界，像樊先生这样“跨界”的学者并不多，早年学作曲出身，在教学中涉足作曲理论，之后花大力气深入民间采风，在传统音乐研究和非遗保护等多方面都有重量级的学术成就。卸下行政职务之后，完成了《中国五声性调式和声的理论与方法》这本书，集大成地提出了中国五声性调式和声理论与方法，拓展了和声学科的理论范畴，构建了一种体系化的认知框架，这种认知框架提供了一种解释事物现象的认知方式，创立了一种理论与实践相结合的研究模式，一个音乐学与作曲和作曲技术理论相结合的研究模式，最终旨在建立一种具有“中国性”的话语体系，[①]成为中国当代音乐和声研究的必读书籍。

2015 年的 9 月，我通过电子邮件向老师正式提出采访的想法。老师的回复是要我先集中精力做博士学位论文，并谦虚地表示自己的人和事没多少可写的，写出来对社会无多大用处。2019 年 10 月，中国音乐学院举办了“中国传统多声部音乐研究暨樊祖荫教授学术思想研讨会”，全国 200 多位学者与会，共同聚焦先生的治学理念，共话中国传统多声部音乐研究和中国音乐理论体系建设。[②]2021 年，我和平方师弟再一次向老师重提采访记录的想法，这次获得老师同意。恰逢疫情肆虐，我们采取线上访谈的方式，最终形成了本书的底稿。

这本口述中浓缩了先生的治学思想。耕耘在哪里，付出在哪里，收获就在哪里。一位学者首先要思考其学术研究方向，在哪些领域下功夫，哪些领域是值得一生奋斗的，这需要宏阔的视野和责任心。然而身处其中能拨开迷雾找到合适的道路无疑是困难且高明的。樊先生回顾了他的学术经历以及当时的思考，如何一步步根据自身所理解的发展过程，逐步跨界的过程。究其根本，我认为樊先生的治学理念反映了他对中国音乐发展大方向的深刻理解。他能够敏锐地捕捉国家对音乐文化发展的需求，始终保持与时代发展节奏的同步。这种能力使他能够不断调整研究方向，跨越不同领域，在多学科交叉的背景下，与前辈学人汇聚在时代发展的洪流之中，形成了他独特的学术路径。

文化的发展具有联通历史和传统的特性。在五声性调式和声的研究方面，先生花费大量的时间和精力深入民间采风、研究传统音乐，将五声性调式和声的理论基础建立在传统多声部音乐形态的基础上，其目的就是要主动建立与传统的联系。从主观上使得该理论建立在历史发展的长河之中，而非无源之水。③他不仅在自己的研究领域中取得了突出成就，还为后来者提供了宝贵的思考和参考。在这本口述史中，樊先生提出的一些尚未完成的研究课题，为后来的学人提供了线索和启示。

樊先生是一个睿智且正派的人，身体好，家庭和睦，人缘好，实属难得。阅读先生的口述就像是与一位睿智的人交流，总是能有很多收获。当我们遇到各种问题，总会想着来请教樊先生。不仅包括学术上的问题、工作上的困惑，甚至家庭方面的事情，每每求教，先生总能给出清晰的思路和令人折服的道理。

能够参与采访、记录、整理樊老师的口述于我来说是一种责任。不仅自己有机会深入了解恩师的生活点滴，也期望让更多的人能够从中感受先生高尚的品行、智慧的人生，启迪读者的智慧，成为像先生一样优秀的人。

樊先生是我人生的灯塔，给予我精神力量。期待大家阅读这本书有所共鸣。

谨祝先生康安！

马学文

2024 年 8 月 12 日

注释：

①马学文：《樊祖荫五声性调式和声理论及其意义》，《音乐艺术》2020 年第 4 期。

②欧阳平方：《弘扬治学理念 构建理论体系——“中国传统多声部音乐研究暨樊祖荫教授学术思想研讨会”侧记》，《人民音乐》2020 年第 4 期。

③马学文：《樊祖荫五声性调式和声理论及其意义》，《音乐艺术》2020 第 4 期。

采访补记（二）

深耕于中国音乐理论体系的建设

2024 年 7 月 17 日，我收到恩师樊祖荫先生发来的微信消息："平方好。我又考虑了一下，想请你和学文来写序。而把我写的序，作为后记。你们是有话好说、想说的。请不要推辞！"收到这样的消息，我内心自然是既感动又惶恐。作为一个晚生后学，要来谈樊先生以往的工作、生活经历及其从事的音乐学术活动，我确实分外忐忑，久不能下笔。然而，当自己回忆起与先生一次次见面、谈话的场景时，使我更愿沿着先生的学术研究足迹而行，领略他不凡的音乐人生体验、生活领悟和学习收获。感谢樊先生对我的厚爱，能与先生建立师生缘、师生情，这是我人生道路上难以忘怀的宝贵经历。后来，人音社的编辑建议我与学文兄所写的内容作为本书的采访补记，我们欣然同意。以此，作为再次学习，作为向先生表达学生由衷的敬意！

百年以来，中国音乐文化发展面临的主要困惑、难题与挑战是如何处理“传统与现代”“中国与世界”“传承与发展”的关系，且至今仍考验着当代音乐学人。20 世纪 90 年代初，郭乃安先生曾指出“音乐既是为人而创造的，也是为人所创造的……人是音乐的出发点和归宿”，并倡导“音乐学，请把目光投向人”[①]。应当说，这一观念和主张于当下的音乐时局而言仍具有重要意义，故值得学界对其予以重视与讨论，即“以人为始”[②]，系统地梳理与总结前辈音乐学人的研究理路与治学精神。中国音乐文化的传承与发展离不开历代中国音乐学人的努力探索与系统总结，他们扎根于中国文化传统，立足于世界多元文化格局，投身于中国音乐文化事业，并为之努力构建中国音乐理论体系，而在这些音乐学人之中，樊先生即为其一。

作为樊先生的弟子，我们或许更能深知先生过去所从事的主要工作及学术研究等活动之于中国当代音乐历史发展的重要性和学术意义。因此，学文师哥和我很早就开始筹划对樊先生进行采访，整理其相关学术研究成果，并欲以口述历史之方式来梳析其学术研究理路与治学理念。[③]今《我的音乐人生——樊祖荫口述》问世，正文凡八章，是以“自述——口述史”之方式呈现，内容涉及樊先生的个人生平、采风实践、和声教学、和声研究、音乐创作、集成编纂与“非遗”保护、期刊主编及音乐教育思想等方面，整体反映了樊先生的生活态度、治学精神及其为中国音乐理论体系建设添砖加瓦的学术情怀，并很好地给我们提供了一种关乎中国当代音乐发展的“社会记忆”或“活的历史”[④]。

纵观樊先生的音乐人生，我们可以客观地说，他是中国当代音乐历史发展的重要见证人和直接参与者，且与之相关的诸多乐人、乐事、乐声与乐话在中国音乐界产生了重要的学术影响。樊先生将自己一生的经历概括为“三个地方（余姚、上海、北京），三所学校（上海音乐学院、中国音乐学院、中央音乐学院）”。自幼在越剧、绍剧、姚剧、江南丝竹、莲花落等民间音乐耳濡目染熏陶下成长的他，使他对中国传统音乐的探索情有独钟，而他在专业音乐学院的学习经历与教学实践则使他深刻地认识到中国音乐教育所面临的现实困境。因此，不论是从一名教师、学者、作曲家，抑或是其行政院长的角度，樊先生始终认为，若要真正改变中国的音乐教育制度，首先得加强对中国传统音乐的研究，对于中国音乐究竟为何，要做到心中有数，唯此方能对中国传统音乐进行规律性的研究，继而总结出中国音乐的理论体系，而只有建立了中国音乐理论体系，才能建立中国音乐教育体系。这正是樊先生一直主张并长期为之付诸实践的逻辑起点，即认识并把握中国音乐的规律和特色，是思考和讨论中国音乐发展问题的前提。

为此，樊先生立足自身主攻的作曲技术理论专业角度，就国内的和声学教学现状，提出了向“传统和声学”两端拓展为内容进行研究的计划，并在夯实多声部音乐研究的基础上，提出了对中国传统音乐作整体性研究的学术主张。而正是他的这些研究实践与学术观念，使其能较好地横跨与融通“作曲和作曲技术理论”与“音乐学”两大专业领域，并在中国传统多声音乐研究、中国五声性调式和声研究、歌曲创作、音乐教育与“非遗”保护等领域均作出了重要贡献。其中，我们可清晰地发现，樊先生的学术研究与音乐实践始终具有“传统与现代互融”“中国与世界互视”“传承与发展并举”的整体性研究特征。例如，他对中国五声性调式和声的研究，完全是构筑在他对西方作曲技术理论的深刻理解，及其对中国多民族地区的民间音乐的采风积累和感悟体验之中，并结合自身的音乐创作实践，进行融贯中西式地系统研究，有效突破了“欧洲（汉族）文化中心论”。又如，他对音乐形态的分析，始终能较好地将其延伸至音乐的历史、文化与哲学层面，并一直倡导对音乐形式的生成背景进行追问，他曾从“和而不同”与“不同而和”的角度对中国传统多声音乐的思维特征与中西多声结构差异原因进行了深刻阐述。再如，他对于“非遗”音乐的传承与发展，主张既要在继承传统的基础上进行发展与创新，又要根据音乐作品的目标、构思、整体风格和接受对象等因素把握好适当的“度”。此外，针对中国的音乐教育现状，他提出了开展“母语音乐教育”“双语意识”“双语教学”等教育主张，并从行政院长的角度对专业音乐学院的培养目标、专业与课程设置、教材建设、教学研究等方面进行了通盘构思与规划实践，认为在具体的课堂教育中需要完整地加强中国传统音乐教育，对中国传统音乐既要进行整体性研究，又要在本、硕、博不同层级传统音乐教学上予以通盘计划，等等。

其实，不论是樊先生的中国传统多声音乐研究、中国五声性调式和声研究、中国音乐教育研究和“非遗”保护与传承研究，抑或是他的音乐创作、期刊主编与音乐评论等实践工作，始终都围绕着中国音乐与西方音乐、汉族音乐与少数民族音乐、中国传统音乐与中国现当代音乐、音乐本体与音乐文化、音乐理论与音乐实践等内容予以展开，而且对这些内容的探讨始终是构筑在他对“传统与现代”“中国与世界”“传承与发展”关系的思考中进行。他充分认识到西方现代音乐理论体系置于中国音乐文化传统的“有效性”与“有限性”，意识到传统与现代之间的“共生性”，以及传承与发展之间的“互融性”。可以说，樊先生始终扎根于中国传统文化，并以自身长期的音乐文化研究与实践对中国传统音乐进行了很好的保护、传承、发展与弘扬，其最终目的即为中国音乐理论体系的建设添砖加瓦。

于此，从樊先生的身上，我们真正地看到了一代中国音乐学人对中国音乐理论体系建设的积极垂范意义！今天，我们通过采访、口述、记录、整理樊先生的音乐人生经历，旨为继承樊先生及其这一辈音乐学人的为人之风与治学之道。现《我的音乐人生——樊祖荫口述》即将由人民音乐出版社出版，我们在为之庆贺的同时，更期待它能够作为一份珍贵的音乐文化遗产，激励今人及后人为继承与发展中华民族的文化精神与音乐文化传统作出努力，并有效助推中国音乐的学科体系、学术体系、话语体系建设。

是为敬。

欧阳平方

2024 年 8 月 6 日

注释：

①郭乃安：《音乐学，请把目光投向人》，《中国音乐学》1991 年第 2 期。

②欧阳平方：《弘扬治学理念 构建理论体系——“中国传统多声部音乐研究暨樊祖荫教授学术思想研讨会”侧记》，《人民音乐》2020 年第 4 期。

③马学文：《樊祖荫五声性调式和声理论及其意义》，《音乐艺术》2020 年第 4 期。欧阳平方：《融传统与现代 兼传承与发展——樊祖荫先生“非遗”音乐文化研究与民乐作品评论阐析》，《人民音乐》2022 年第 3 期；《扎根传统、耕耘多声、构建体系——樊祖荫先生学术研究理路及其当下意义》，《当代音乐》2019 年第 10 期；《变遗产为资源，兼保护与开发——樊祖荫等著〈我国少数民族音乐资源的保护与开发研究〉评述》，《中国音乐》2020 年第 1 期。

④王明珂：《谁的历史：自传、传记与口述历史的社会记忆本质》，载定宜庄、汪润主编：《口述史读本》，北京大学出版社 2011 年版，第 61—83 页。

附录：樊祖荫音乐创作、科研及教学成果索引

一、音乐创作

（一）歌曲

《渔歌》，《浙江歌选》1955 年 6 月。

《喂得猪儿肥油油》（童声合唱），《儿童音乐》1959 年 3 月。

《三个娃娃种葵花》（幼儿歌曲），《儿童音乐》1960 年 2 月。

《大庆啊，我愿把火红的青春献给你》（女高音独唱），中国唱片社 1974 年 8 月。

《绿色的海洋》（男高音独唱），《歌曲》1978 年 5 月。

《森林圆舞曲》（女高音独唱），《音乐创作》1978 年 10 月。

《校园里的小白杨》（童声合唱），《儿童音乐》1979 年 10 月。

《醉吟商小品》(古曲改编、女声独唱),《中国音乐》1982年9月。

《快来吧，朋友》（男高音独唱），《歌曲》1985年8月。

《牧野的清晨》（男高音独唱），《音乐创作》1985年9月。

《回归》（独唱歌曲），《歌曲》1997年6月。

（二）器乐曲

1.《石油战鼓》（民族管弦乐曲）（合作），中央音乐学院民族管弦乐队首演，1974年10月。

2.《火红的山村》（二胡与扬琴），人民音乐出版社1980年版。

3.《草原音诗》（圆号与钢琴），《音乐创作》1980年10月。

4.《春满江南》（扬琴与乐队）（合作），《扬琴曲选（1949—1979）》人民音乐出版社1982年版。

5.《飒爽英姿采油工》(扬琴与乐队)(合作),《扬琴曲选(1949—1979）》人民音乐出版社1982年版。

6.《儿童钢琴小曲——中国各民族民歌56首》，人民音乐出版社2000年版。

7.《东北民歌组曲》（钢琴独奏），《21世纪中国儿童钢琴优秀作品选集》，上海音乐出版社2001年版。

8.《小花鼓——民歌儿童钢琴小曲61首》，世界图书出版公司2001年版。

9.《郊游》（小号独奏曲），《小号独奏曲集》，西南大学出版社2022年版。

（三）影视音乐

1.《南京长江大桥》（电影音乐），中央新闻电影制片厂1969年。

2.《战乌江》（电视音乐），中央电视台1973年。

3.《中国花鸟画》（电影音乐），中国科教电影厂1975年。

4.《泥人常》（电影音乐），北京电影制片厂1983年。

二、音乐著述

1.《儿童歌曲写作概论》，人民音乐出版社1990年版。

2.《中国多声部民歌概论》，人民音乐出版社1994年版。

3.《传统大小调五声性调式和声写作教程》，中国人民大学出版社1999年版。

4.《中国五声性调式和声的理论与方法》，上海音乐出版社2003年版；2017年上海音乐出版社增订版。

5.《中国民间多声部音乐论稿》，中央音乐学院出版社2004年版。

6.《音乐与人——中国现当代音乐研究文集》，上海音乐出版社2004年版。

7.《歌曲写作教程》，人民音乐出版社2006年版。

8.《20世纪中国音乐史论研究文献综录：中国传统声乐卷·中国民间歌曲》（合著），人民音乐出版社2008年版。

9.《中国少数民族多声部民歌教程》，中央音乐学院出版社2008年版。

10.《中国五声性调式和声写作教程》，人民音乐出版社 2013 年版。

11.《中国多声部民歌研究》，人民音乐出版社 2014 年版。

12.《我国少数民族音乐资源的保护与开发研究》（合著），经济科学出版社 2015 年版。

13.《樊祖荫和声研究文集》，上海音乐出版社 2017 年版。

14.《中国传统多声部音乐研究》（总编撰），安徽文艺出版社 2020 年版。

15.《樊祖荫音乐文集》，人民音乐出版社 2024 年版。

三、学术文论

（一）中国传统（多声）音乐研究

1.《广西民间合唱中的调发展》，《中国音乐》1982 年第 2 期。

2.《广西民间合唱的和声音程特点》，《中央音乐学院学报》1982 年第 4 期。

3.《浙江畲族民歌的音乐特点》，《中国音乐》1984 年第 2 期。

4.《广西民间合唱的多声结构形态》，《音乐艺术》1984 年第 2 期。

5.《鼓楼、吃新、斗牛与侗族大歌》，《中国音乐》1984 年第 4 期。

6.《畲族“双条落”的基本规律及其偶然因素》，《中国音乐》1985 年第 1 期。

7.《高山同胞话俚歌——对福建高山族同胞的采访报告》（合著），

《中国音乐》1985 年第 2 期。

8.《纳西族的民间合唱》，《中国音乐》1985 年第 4 期。

9.《广西仫佬族民歌的风格特点》，《人民音乐》1985 年第 5 期。

10.《丰富多彩的毛南族民歌》，《广州音乐学院学报》1985 年第 Z1 期。

11.《傈僳族的多声部民歌》，《中国音乐》1986 年第 1 期。

12.《简论多声部的号子音乐》，《中国音乐学》1986 年第 2 期。

13.《布依族、壮族多声部民歌之比较研究》，《音乐研究》1987 年第 2 期。

14.《论汉族的多声部民歌》，《音乐艺术》1988 年第 1 期。

15.《云南多声部民歌研究》，《中国音乐》1988 年第 2 期。

16.《我国多声部民歌的分布与流传》，《音乐研究》1990 年第 1 期。

17.《多声部民歌的节奏节拍形式研究》，《中央音乐学院学报》1990 年第 1 期。

18.《多声部民歌的调发展手法研究》，《中央音乐学院学报》1990 年第 3 期。

19.《中国多声部民歌的演唱形式与演唱方法》，《中国音乐》1990 年第 2 期。

20.《中国多声部民歌的织体形式研究》，《艺术探索》1991 年第 1 期。

21.《羌族多声部民歌的种类及其音乐特征》，《中国音乐学》1992 年第 1 期。

22.《论变唱——中国多声部民歌创作方法研究》，《中央音乐学院学报》1992 年第 2 期。

23.《横向变唱与多声部民歌中的变奏曲体》，《音乐研究》1992 年第 1 期。

24.《多声部民歌的采录、记谱与分类方法》，《中国音乐》1992 年第 1 期。

25.《从“多声部民歌”一词的英译谈起》，《人民音乐》1992 年第 11 期。

26.《多声部民歌研究四十年》，《中国音乐》1993 年第 1 期。

27.《论壮侗语族诸民族的多声部民歌》，《中央音乐学院学报》1994 年第 1 期。

28.《壮侗语族与藏缅语族诸民族中的多声部民歌之比较》，《中国音乐》1994 年第 1 期。

29.《壮侗语诸族民间音乐原始形态的初步构拟》，《音乐研究》1996 年第 1 期。

30.《刀朗木卡姆多声形态研究》，《音乐研究》2001 年第 1 期。

31.《阿美与布农的多声部民歌之比较研究》，《中央音乐学院学报》2002 年第 1 期。

32.《中国多声部民歌概述》，《浙江艺术职业学院学报》2003 年第 1 期。

33.《侗族大歌在中国多声部民歌中的独特地位》，《贵州大学学报（艺术版）》2003 年第 2 期。

34.《20 世纪的汉族民歌研究（一、二、三、四）》，《黄钟》2005 年第 1、2、4 期、2006 年第 1 期。（合作）

35.《刀郎木卡姆旋律形态研究》，《音乐艺术》2006 年第 2 期。

36.《近三十年来的中国多声部民歌研究及展望》，《南京艺术学院学报（音乐与表演版）》2009 年第 3 期。

37.《“潮尔道”——蒙古族长调艺术和潮尔艺术中的珍品》，《音乐研究》2009 年第 5 期。

38.《对中国传统音乐做整体性研究的思考》，《音乐艺术》2011 年第 1 期。

39.《乐种研究在区域音乐研究中的地位与作用》，《音乐艺术》2012 年第 4 期。

40.《音乐形式的生成背景追问》，《音乐研究》2014 年第 1 期。

41.《绍剧中的多声部音乐》，《中国音乐》2014 年第 2 期。

42.《中国少数民族音乐研究的历史回顾与现状思考》，《贵州大学学报（艺术版）》2014 年第 5 期。

43.《中国民族乐器中的多声乐器》（合著），《音乐艺术》2015 年第 1 期。

44.《汉族的多声部民歌及其生存现状》，《当代音乐》2015 年第 3 期。

45.《和而不同与不同而和——中国传统多声部音乐的思维特征与中西多声结构差异原因之探究》，《中国音乐》2016 年第 1 期。

46.《多声部民歌的产生与发展》，《当代音乐》2016 年第 4 期。

47.《多声部民歌的演唱形式与演唱方法》，《当代音乐》2016 年第 5 期。

48.《关于线性思维与音乐术语——中国传统音乐研究中的两个问题》，《黄钟》2017 年第 1 期。

（二）和声研究

1.《论支声音乐》，《中国音乐》1983 年第 1 期。

2.《歌曲钢琴伴奏写作的若干问题》，《中央音乐学院学报》1983 年第 2 期。

3.《近现代和声中的平行进行》，《音乐研究》1985 年第 2 期。

4.《我国民间多声与西方近现代音乐》，《中国音乐学》1987 年第 2 期。

5.《论〈十番锣鼓〉中的节奏、音色序列与当代音乐创作的关系》，《音乐研究》1987 年第 4 期。

6.《关于五声性调式的远关系转调及其和声处理》，《中央音乐学院学报》1988 年第 2 期。

7.《试论马思聪〈中国民歌新唱〉中的和声技法》，《中央音乐学院学报》1988 年第 4 期。

8.《多声部民歌的和声特点》，《中国音乐》1988 年第 4 期。

9.《从中西多声部音乐的比较谈起》，《黄钟》1991 年第 1 期。

10.《中国和声学研究八十年（上、下）》，《人民音乐》2001 年第 1、2 期。

11.《中国民间多声部音乐中的和声特点（上、下）》，《星海音乐学院学报》2001 年第 2、3 期。

12.《四、五度结构与二度结构的和声方法——五声性调式和声研究之一》，《黄钟》2002 年第 2 期。

13.《变和弦及其在五声性调式和声中的运用——五声性调式和声研究之二》，《音乐艺术》2002 年第 4 期。

14.《复合结构的和声方法——五声性调式和声研究》，《中国音乐学》2003 年第 1 期。

15.《线性结构的和声方法——五声性调式和声研究之五》，《音乐研究》2003 年第 2 期。

16.《三度结构的和声方法——五声性调式和声研究之一》，《浙江艺术职业学院学报》2003 年第 2 期。

17.《马思聪晚期小提琴作品中的和声技法——以四部小提琴曲为例》，《中央音乐学院学报》2003 年第 2 期。

18.《五声性调式的转调与和声的处理方法——五声性调式和声研究之四》，《交响》2003 年第 2 期。

19.《聂耳歌曲调式研究》，《音乐研究》2006 年第 3 期。

20.《五声性调式和声研究三题》，《音乐研究》2010 年第 4 期。

21.《五声性调式和声的调性扩张技法研究——以中国当代作品为例》，《音乐研究》2011 年第 5 期。

22.《一部呕心沥血铸就的传统和声学巨著——评黄虎威著〈《和声学教程》习题解答〉》，《音乐研究》2012 年第 3 期。

23.《黄虎威音乐作品中的调性拓展技法研究》，《乐府新声》2014 年第 1 期。

24.《综合调式性七声音阶的理论及其创作实践研究》，《音乐研究》2015 年第 2 期。

25.《五声性调式和声研究》，《中国音乐学》2017 年第 1 期。

26.《对马思聪和声技法的研究及认识》，《音乐研究》2017 年第 2 期。

27.《运用同宫场理论写作五声性调式和声》，《中央音乐学院学报》2018 年第 2 期。

28.《“奉五声”与“变五声”——“二变之音”在五声性七声调式中的作用》，《音乐研究》2020 年第 2 期。

29.《调性恒定与游弋的对立统一——黎英海〈枫桥夜泊〉调性扩张手法研究》，《中央音乐学院学报》2020 年第 2 期。

30.《恰如其分的艺术手段 恰到好处的艺术效果——黎英海的钢琴伴奏写作艺术研究》，《音乐研究》2021 年第 5 期。

（三）非物质音乐文化遗产保护与开发研究

1.《对保护非物质文化遗产若干问题的思考》，《音乐研究》2006 年第 1 期。

2.《由“原生态民歌”引发的思考》，《黄钟》2007 年第 1 期。

3.《“阿炳音乐”——非物质文化遗产中的艺术珍品》，《人民音乐》2009 年第 8 期。

4.《集中展现中国民歌文化多样性的歌唱盛会——从传承与传播的角度看中国原生民歌的展演活动》，《中国音乐学》2010 年第 4 期。

5.《挽救濒危的民族语言和音乐品种》，《中国艺术报》2011 年 8 月 17 日。

6.《发挥“传”与“承”的两个积极性，促进音乐类非物质文化遗产的传承与保护》，《音乐探索》2011 年第 3 期。

7.《在探索中前行——对保护非物质文化遗产若干问题的再思考》，《艺术评论》2013 年第 6 期。

8.《我国少数民族音乐保护与开发的现有策略与当前困境》（合著），《中国音乐》2015 年第 1 期。

9.《对当前“非遗”保护工作的几点思考》，《南京艺术学院学报（音乐与表演版）》2015 年第 1 期。

10.《我国少数民族音乐资源保护与开发的对策研究》（合著），《中国音乐》2015 年第 1 期。

11.《为民歌正名——兼谈民歌的传承、传播与发展》,《中国音乐》2019 年第 1 期。

12.《将“遗产”转换为“资源”——谈多声部民歌的传承与利用》，《音乐文化研究》2020 年第 1 期。

（四）音乐教育及其理论体系构建研究

1.《歌曲与少儿教育》，《中国音乐》1986 年第 3 期。

2.《苏联音乐教育掠影》，《中国音乐》1987 年第 1 期。

3.《李凌的国民音乐教育观》，《人民音乐》1994 年第 3 期。

4.《继往开来,团结奋进——为中国音乐学院成立三十周年而作》，《中国音乐》1994 年第 3 期。

5.《三十而立　任重道远——纪念中国音乐学院建院 30 周年》，《人民音乐》1995 年第 1 期。

6.《民歌传承方式的新发展——略谈“广西少数民族歌手班”的办学方法》，《民族艺术》1996 年第 1 期。

7.《中华文化母语与专业音乐教育》，《中国音乐》1996 年第 2 期。

8.《传统音乐与学校音乐教育》，《音乐研究》1996 年第 4 期。

9.《回顾与思考——谈中国音乐学院的传统音乐教育》，《中国音乐》1997 年第 4 期。

10.《树立“双语”意识，实施“双语”教学——谈 21 世纪中国音乐教育的改革》，《交响》1999 年第 4 期。

11.《多元文化与 21 世纪的音乐教育改革》，《黄钟》2000 年第 1 期。

12.《中国少数民族音乐及其在世界多元文化音乐教育中的作用与地位》，《中国音乐》2004 年第 4 期。

13.《中国（大陆）以音乐文化多样性为基础的音乐教育：发展现状及前景》（合著），《中国音乐》2008 年第 2 期。

14.《中国少数民族音乐的研究与教育现状及展望》，《民族艺术研究》2011 年第 1 期。

15.《音乐艺术院校传统音乐教育的现状及思考》，《音乐探索》2012 年第 3 期。

16.《对中国少数民族音乐文化传承的反思》，《中国音乐学》2013 年第 1 期。

17.《民族器乐教育：别丢了传统的口传心授》，《中国艺术报》2013 年 10 月 23 日。

18.《对本、硕、博不同层级传统音乐教学要求的思考》，《乐府新声》2015 年第 3 期。

19.《谈“学科”与“专业”——以音乐院校作曲系的专业设置与学科建设为例》，《音乐研究》2018 年第 1 期。

20.《沈阳音乐学院建立戏曲、曲艺研究所的当下意义》，未公开发表。

（五）序、评论、感言及其他

1.《辛勤的园丁——评潘振声的儿童歌曲》，《人民音乐》1981 年第 6 期。

2.《一个优秀的中学音乐老师——张斌》，《人民音乐》1981 年第 9 期。

3.《简评〈和声写作基本知识〉》，《人民音乐》1982 年第 10 期。

4.《一首热情的悲壮的爱国主义颂歌——交响乐〈离骚〉简析》，《音乐爱好者》1983 年第 2 期。

5.《继承传统 大胆创新——评交响乐〈离骚〉的艺术特色》，《人民音乐》1983 年第 7 期。

6.《评周龙的弦乐四重奏〈琴曲〉》，《中央音乐学院学报》1984 年第 4 期。

7.《也谈“调”与“调式”——关鼎、东川清一、陈应时论文读后》，《广州音乐学院学报》1984 年第 Z1 期。

8.《第三届〈华夏之声〉音乐会纪实》，《中国音乐》1985 年第 3 期。

9.《评组合打击乐独奏曲——〈钟鼓乐三折（戚·雩·旄）〉》，《中央音乐学院学报》1985 年第 4 期。

10.《民族舞剧〈木兰飘香〉的音乐创作》，《人民音乐》1985

年第 1 期。

11.《就〈Mong Dong〉致瞿小松》，《中央音乐学院学报》1987 年第 1 期。

12.《民族性 时代性 可解性及其他》,《人民音乐》1987 年第 4 期。

13.《听广东音乐新作品有感》，《中国音乐》1987 年第 3 期。

14.《丰厚传统沃土培育出的新苗——周龙音乐创作述评》，《人民音乐》1988 年第 1 期。

15.《 “马思聪作品研讨会”述评》，《中国音乐》1989 年第 3 期。

16.《兼容并包 独出机杼——谈芭蕾舞剧〈杨贵妃〉的音乐创作》，《人民音乐》1989 年第 10 期。

17.《记中国东南沿海地区音乐文化学术研讨会》，《中央音乐学院学报》1991 年第 1 期。

18.《敦煌学研究的新成果——贺敦煌壁画乐器研究仿制成功》，《敦煌研究》1992 年第 3 期。

19.《王光祈的“国乐”观对今天的启示》，《音乐探索》1993 年第 1 期。

20.《不尽的哀思——悼宋军先生》，《人民音乐》1993 年第 6 期。

21.《阿炳对我们的启迪——纪念阿炳诞辰百周年随想》，《人民音乐》1994 年第 7 期。

22.《全球视野的音乐文化研究(增刊)》(合著)，《中国音乐》1995 年第 3 期。

23.《满族音乐研究随想——在第二届中国满族音乐文化学术研讨会上的发言》，《中国音乐》1997 年第 1 期。

24.《孙星群和他的〈千古绝唱——福建南音探究〉》，《中国音乐》1997 年第 2 期。

25.《富有艺术特色的苗族“摞垛”歌曲——学习〈中国民间歌曲集成·贵州卷〉有感》，《中国音乐学》1998 年第 2 期。

26.《〈草原的路〉序》，《中国音乐》1998 年第 2 期。

27.《〈中国音乐的神韵〉序言》，《人民音乐》1998 年第 9 期。

28.《二胡情结》，《乐器》1999 年第 1 期。

29.《生命不息 奋斗不止——缅怀满族音乐研究的开拓者石光伟同志》，《音乐研究》1999 年第 2 期。

30.《艺术家的楷模——纪念张权诞辰 80 周年》，《中央音乐学院学报》2000 年第 1 期。

31.《中国传统音乐研究的一项重要成果——〈中国传统音乐概论〉评介》，《音乐研究》2000 年第 2 期。

32.《深切缅怀吕骥同志》，《中国音乐》2002 年第 2 期。

33.《一部有利于弹奏五声性音调作品的钢琴指法练习教程——黎英海〈五声音调钢琴指法练习〉评介》，《钢琴艺术》2002 年第 11 期。

34.《一部全面展示中国少数民族传统音乐概貌的学术巨著——〈中国少数民族传统音乐〉评介》，《中国音乐》2003 年第 2 期。

35.《〈畲族音乐文化〉序言》，《人民音乐》2003 年第 5 期。

36.《怀念应时学兄》，未公开发表。

37.《一位优秀的编辑家——缅怀薛良先生》，《中国音乐》2005 年第 4 期。

38.《黎英海先生，我永远的恩师》，《中国音乐》2007 年第 2 期。

39.《一部以多元文化视角研究中国传统音乐的佳作——评王耀华主编〈中国传统音乐概论〉》，《人民音乐》2007 年第 4 期。

40.《唐朴林和他的〈民：音乐之本〉》，《中国音乐》2008 年第 1 期。

41.《悼念挚友周吉》，《中国音乐》2008 年第 3 期。

42.《一位富有音乐实践经验的中国音乐学家——怀念昌林》，《中国音乐》2009 年第 4 期。

43.《师先垂范 成就斐然——在“中国少数民族音乐学科发展论坛暨田联韬教授八十华诞庆典”上的发言》，《人民音乐》2011 年第 2 期。

44.《毕生奉献于中国民族音乐事业——怀念冯光钰先生》，《人民音乐》2011 年第 6 期。

45.《以深沉抒情之美 抒昂扬奋发之情——邹建平〈交响音诗〉评析》，《人民音乐》2012 年第 12 期。

46.《序〈玉溪民族音乐散论〉》，《民族音乐》2012 年第 5 期。

47.《〈武满彻和声技法研究〉序》，《人民音乐》2012 年第 11 期。

48.《推陈出新 雅俗共赏——刘锡津〈靺鞨组曲〉评析》，《人民音乐》2013 年第 2 期。

49.《〈曹风新韵——牛玉新作品精选集〉序言》，《中国音乐》2013 年第 3 期。

50.《我的音乐研究与治学理念》，《浙江艺术职业学院学报》2013 年第 4 期。

51.《简练的笔触 形象的音画——刘锡津月琴协奏曲〈北方民族生活素描〉述评》，《人民音乐》2014 年第 2 期。

52.《重视传统 勇于创新——罗忠镕先生 90 华诞祝词》，《人民音乐》2015 年第 1 期。

53.《中国传统音乐体系性学科研究的范本——袁静芳〈乐种学〉述评》，《音乐研究》2016 年第 3 期。

54.《制定曲谱出版的技术标准 适应音乐事业的蓬勃发展——〈音乐曲谱出版规范〉述评》（合著），《人民音乐》2016 年第 11 期。

55.《重读〈十番锣鼓〉有感——为纪念杨荫浏先生诞辰 120 周年而作》，《中国音乐学》2020 年第 1 期。

56.《忆德海》，《中国音乐》2021 年第 5 期。

57.《忆金湘》，载刘克兰、吕欣编：《金湘纪念文集》，中国文联出版社 2018 年版，第 148—151 页。

58.《缅怀汪毓和先生——在“苏州近现代音乐家与城市音乐文化学术研讨会”上的发言》，未公开发表。

59.《〈变迁与坚守——达斡尔族传统音乐文化研究〉序》，载张天彤：《变迁与坚守——达斡尔族传统音乐文化研究》，人民音乐出版社 2014 年版。

60.《〈晋剧唱法及其风格研究〉序》，载樊凤龙：《晋剧唱法及其风格研究》，人民音乐出版社 2017 年版。

61.《〈蒙古族科尔沁部短调民歌研究〉序》，载佟占文：《蒙古族科尔沁部短调民歌研究》，人民音乐出版社 2017 年版。

62.《〈中国五声性调式和声的张力研究〉序》，载马学文：《中国五声性调式和声的张力研究》，人民音乐出版社 2019 年版。

63.《〈多元文化视域下的桑植民歌研究〉序》，载乐之乐：《多元文化视域下的桑植民歌研究》，文化艺术出版社 2020 年版。

64.《〈当代琴乐分析与研究〉序》，载苏倩：《当代琴乐分析与研究》，河南文艺出版社 2022 年版。

65.《〈中国民族声乐润腔学〉序》，载许讲真：《中国民族声乐润腔学》，现代出版社 2023 年版。

66.《〈森林文化的记忆与延续——鄂温克族传统音乐文化的考察与研究〉序》，载金祥婧：《森林文化的记忆与延续——鄂温克族传统音乐文化的考察与研究》，长春出版社 2024 年版。

67.《〈尧治河民歌整理与研究〉序》，载凌崎：《尧治河民歌整理与研究》，华中科技大学出版社 2024 年版。

68.《〈陈怡作品和声研究〉序》，载高缨：《陈怡作品和声研究》。

69.《〈观念与表述——黔东南苗族音乐的文化认知研究〉序》，载欧阳平方：《观念与表述——黔东南苗族音乐的文化认知研究》，中国社会科学出版社。（待出版）

四、主要科研项目

1. 主持全国艺术科学“九五”规划年度项目《中国五声性调式和

声研究》，1999 年，已结项。

2. 主持教育部哲学社会科学重大课题攻关项目《我国少数民族音乐资源的保护与开发研究》（项目编号：06jzd0030），2006 年，已结项。

3. 主持国家社会科学基金艺术学重点项目《中国传统多声部音乐形态研究》（项目编号：12AD005），2012 年，已结项。

五、主要奖项

1. 国务院颁发政府特殊津贴，1992 年。
2. 文化部优秀教材二等奖，1995 年。
3. 文化部首届“区永熙优秀音乐教育奖”，1999 年。
4. 文化部文化艺术科学优秀成果二等奖，2006 年。
5. 北京市普通高等院校精品教材奖，2008 年。
6. 中央宣传部第二届“金钟奖”论文优秀奖，2011 年。
7. 第七届北京市高等教育教学成果一等奖（集体奖），2013 年。
8. 第九届华乐论坛被评为“杰出民乐理论评论家”，2020 年。
9. 中国艺术研究院第二届“杨荫浏音乐学术提名”，2023 年。

六、指导研究生学位论文、博士后研究报告

1. 孙晓洁：《马思聪作品的和声技法研究——以小提琴作品为

例》，中国音乐学院 1999 届硕士学位论文。
2. 龚荆忆：《苗侗汉民歌——民族融合的产物　对湖南靖县三锹民歌的考察和研究》，中国音乐学院 2004 届硕士学位论文。
3. 徐征：《丽江少数民族学生课间“打跳”的调查与研究》，中国音乐学院 2004 届硕士学位论文。
4. 田林：《多元文化音乐教育在中国的历史与发展》，中国音乐学院 2005 届硕士学位论文。
5. 刘雪英：《赫哲族濒临绝响的口传说唱艺术——“伊玛堪”音乐文化研究》，中国音乐学院 2007 届硕士学位论文。
6. 范黎：《源自民间音乐的创作新技法——音诗〈纳西一奇〉和声分析》，中国音乐学院 2007 届硕士学位论文。
7. 刘玮：《黔东南苗族的多声部情歌》，中国音乐学院 2008 届硕士学位论文。
8. 王萃：《武满彻和声技法研究》，上海音乐学院 2008 届博士学位论文。
9. 张天彤：《变迁与坚守——达斡尔族传统音乐文化研究》，中国音乐学院 2012 届博士学位论文。
10. 常龙飞：《湘桂地区梧州瑶民歌研究——兼论其传承与保护》，中国音乐学院 2012 届硕士学位论文。
11. 樊凤龙：《晋剧唱法及其风格研究》，中国音乐学院 2014 届博士学位论文。
12. 佟占文：《科尔沁短调民歌研究》，中国音乐学院 2014 届博士学位论文。

13. 马学文：《中国五声性调式和声的张力研究》，中国音乐学院 2017 届博士学位论文。
14. 乐之乐：《多元文化视域下的桑植民歌研究》，中国音乐学院 2018 届博士学位论文。
15. 凌崎：《汉江上游地区“打丧鼓”仪式音乐研究》，中国音乐学院 2019 届博士学位论文。
16. 高缨：《陈怡作品和声研究——以合唱作品为例》，中国音乐学院 2019 届博士学位论文。
17. 欧阳平方：《观念与表述——黔东南苗族音乐的文化认知研究》，中国音乐学院 2020 届博士学位论文。
18. 金祥婧：《森林文化的记忆与延续——鄂温克族传统音乐文化的考察与研究》，中国音乐学院 2022 届博士学位论文。
19. 刘雯：《中国传统说唱多声形态研究》，中国音乐学院 2016 年进站博士后。
20. 王硕：《中国传统器乐多声形态研究》，中国音乐学院 2016 年进站博士后。

后记

《我的音乐人生》口述稿，在我的学生、亲人和出版社编辑的帮助下，终于完稿，为此，我要感谢他们。

今年，是中国音乐学院建院60周年。出版老师们的学术著作、选集、文集，是学校组织的庆祝活动之一，我被列入其中，深感荣幸。我的两位已毕业的博士研究生马学文、欧阳平方早就筹划对我进行采访，要我谈谈我的工作、生活经历以及我所从事的音乐学术活动，并计划作为我的文集中的一卷予以呈现。美意浓浓，不好一再拒绝，就应承了这件并不轻松的活儿。在修改的过程中，我采纳了编辑的建议，以单册的形式出版，算是对院庆的一份礼物吧！

我于1964年8月底从上海音乐学院转学至中国音乐学院，入作曲系五年级，第二年按时毕业，留校任教，掐指算来，已有整整60个年头了。60年来，我始终牢记是国家培养了我，是中国音乐学院培养了我，我也曾在学校的各级教学岗位、各级行政岗位，为大家潜心服务，报答学校。我在60年来所做过的主要工作及学术研究等活动，都在这本口述史中作了总结，不当之处，敬请大家批评指正！

樊祖荫

2024年7月2日

▲《刀郎木卡姆的生态与形态研究》首发式后，与项目主持人周吉（右一）一起接受记者采访（2006年，乌鲁木齐）

▲布依族器乐表演“八音”

▲樊祖荫夫妇与张欢（右二）、陈铭道（右一）（2013 年，新疆喀什）

▲与老同学陈应时（2000 年，香港）

▲侗族

▲出访韩国

▲与王耀华（右二）、杜亚雄（左二）、刘桂腾（左一）

▲与李松（右）、刘桂腾（左）

▲ 与郭兰英（1995 年，广州番禺）

▲ 接待李铁映同志来学院视察（1995 年）

▲与曹本冶先生（1996 年，香港）

▲与赵塔里木（前排左二）和内蒙古民间艺人（2010 年）

▲参观安徒生纪念馆（2013 年）

◀与欧登塞音乐学院院长乌夫·莫斯特教授（2013 年，丹麦）

▲中国音乐学院五十周年校庆活动（2014 年）

▲“1”行动计划音乐会后合影

▲ 工作照片

▲领导接见